本书由西安石油大学优秀学术著作出版基金和
西安石油大学油气资源经济管理研究中心资助出版

杨青青 著

多供应商供应链中企业间的合作研发策略研究

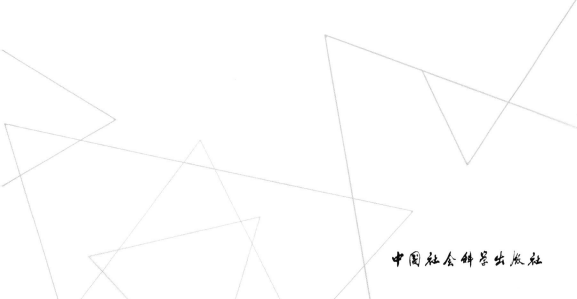

中国社会科学出版社

图书在版编目（CIP）数据

多供应商供应链中企业间的合作研发策略研究／杨青青著．—北京：中国
社会科学出版社，2020.5
ISBN 978 - 7 - 5203 - 6356 - 3

Ⅰ.①多…　Ⅱ.①杨…　Ⅲ.①企业管理—供应链管理—经济合作—研究
Ⅳ.①F274

中国版本图书馆 CIP 数据核字（2020）第 065221 号

出 版 人　赵剑英
责任编辑　刘　艳
责任校对　陈　晨
责任印制　戴　宽

出　　版　中国社会科学出版社
社　　址　北京鼓楼西大街甲 158 号
邮　　编　100720
网　　址　http：//www. csspw. cn
发 行 部　010 - 84083685
门 市 部　010 - 84029450
经　　销　新华书店及其他书店

印　　刷　北京明恒达印务有限公司
装　　订　廊坊市广阳区广增装订厂
版　　次　2020 年 5 月第 1 版
印　　次　2020 年 5 月第 1 次印刷

开　　本　710×1000　1/16
印　　张　12.25
插　　页　2
字　　数　153 千字
定　　价　86.00 元

凡购买中国社会科学出版社图书，如有质量问题请与本社营销中心联系调换
电话：010 - 84083683

前　　言

科技的进步和顾客需求的增加加剧了企业之间的竞争，为了节约研发成本、提高研发效率，企业之间经常在研发投资、研发成果应用等方面达成合作。多主体竞合供应链中企业之间除了二元关系，还有三元关系，甚至网络关系，企业之间的合作研发策略不仅受供应链竞合环境的影响，也受知识共享和非正式合作行为等因素的影响。

当前的企业间合作研发策略研究主要关注同一产业内的横向合作研发，产业链上、下游之间的纵向合作研发，以及合作研发网络。在多主体竞合供应链中不仅存在纵向合作研发，也存在横向合作研发，还存在混合合作研发。鉴于此，本书以单制造商多供应商供应链为背景，首先，考虑到制造商—供应商—供应商竞合关系，研究了单一最终产品情况下的供应商—供应商合作研发策略；其次，考虑到知识产权保护，研究了多个最终产品情况下的供应商—供应商合作研发策略；最后，针对企业间的非正式合作对企业间合作研发策略的影响，研究了利他因素影响下供应链企业间的合作研发策略。

与现有研究相比，本书的价值主要体现在如下几点：

（1）考虑到竞合关系的作用，在多个供应商为一种最终产品提供相同中间产品的情况下，借助竞赛理论，将制造商的供应商管理策略引入供应商—供应商合作研发过程中，解决了多源供应中的研发模式选择问题，明晰了多主体竞合供应链中企业间的竞合关系对合作研发策略的影响规律，并进一步为供源选择提供了支持。研究结果发现，在多源供应中，供应商青睐于研发合资卡特尔模式，而制造商更倾向于研发合资体模式；在单源供应、多源供应—研发合资体模式和多源供应—研发合资卡特尔模式中，制造商增加参赛供应商数量会使得单个供应商的处境进一步恶化，却会提高制造商的获利水平；单源供应与多源供应各有优劣，单源供应能激发供应商之间的竞争，多源供应则得益于供应商之间的竞合。

（2）考虑到知识产权保护的作用，在两个供应商分别为两种可替代最终产品提供相似中间产品的情况下，探讨了不同研发能力差距下供应商—供应商合作研发策略，解决了研发能力与研发类型的匹配问题，明确了最终产品可替代性与知识产权价值对横向合作研发模式选择的影响，解释了 RJV（Research Joint Venture，研发合资体）控制权选择存在差异的原因。研究结果发现，当供应商的研发能力差距较大或中等时，研发领先模式中领先供应商会进行激烈型研发，此时供应商之间极易达成技术许可；当研发能力差距较小时，研发领先模式中领先供应商会进行非激烈型研发，此时若最终产品可替代性较小则供应商之间会进行技术许可。关于 RJV 的控制权，在供应商的知识产权价值差距较小时落后供应商会控股 RJV，在知识产权价值差距中等时领先供应商会控股 RJV，在知识产权价值差距较大时供应商不会成立 RJV。此外，无论供应商的研发能力差距如何，在研发领先模式中制造商都更倾向于激烈型研发，当研发能力差距较大时制造商会支持供应商之间的技术许可或成立 RJV。

（3）考虑到非正式合作的作用，将利他因素引入多主体竞合供应链中企业间的合作研发过程中，明晰了利他因素对研发投入和企业利润的影响规律，并指出了不同供应链中企业的利他行为取向。研究结果表明，制造商作为供应链的主导者，其纵向利他能够提高研发投入，而供应商作为供应链的从属者，其横向利他并不一定会提高研发投入。进一步来讲，不同的合作研发模式下，利他因素对制造商利润和供应商利润的影响也不同。值得提出的是，不同类型的竞合供应链中，企业的利他行为取向也有不同特点，完全分散的供应链需要利他，完全合作的供应链也需要一定程度的自利。

　　本书由西安石油大学优秀学术著作出版基金和西安石油大学油气资源经济管理研究中心资助出版。同时本书的主要内容是在笔者的博士学位论文的基础上修改完成的，在此表示感谢。

目　　录

第一章 绪论

技术的不断革新与需求的多样化加剧了企业的市场竞争。在复杂多变的环境中，加快技术创新和新产品开发的速度，并对其产业化是企业生存和发展的关键。一方面，企业需要加大自身的研发力度，增强企业的自主创新能力，在企业内部进行新技术和新产品的开发；另一方面，企业需要整合其他企业的优势资源，通过与其他企业进行合作研发，实现资源共享与优势互补，共同分担研发活动的成本及风险。

合作研发，是指企业与企业之间或企业与研究机构、高等院校之间的联合研发行为。合作研发通常以资源共享或优势互补为前提，有明确的合作目标、合作期限和合作规则，合作各方在研发的全过程或某些环节共同投入、共同参与、共担风险、共享成果。以合作研发的参与方在产业价值链中的关系作为标准，可以将合作研发分为四种类型：横向合作研发、纵向合作研发、横向合作与纵向合作兼有的混合合作研发和产学研合作研发。所谓横向合作研发是指在同一行业的某些企业联合起来进行技术研发活动；纵向合作研发是指在产业链上的上、下游企业进行的合作研发；产学研合作研发是指企业、高等院校与研究机构之间进行的联合研发活动。

随着供应链管理的不断发展，供应链企业之间的合作研发日益增多。在多主体竞合供应链中，既有二元竞合关系（如买方—供应商关系、供应商—供应商关系），又有三元竞合关系（如买方—供应商—供应商关系），甚至是网络竞合关系。越来越多的管理者和学者发现，供应链中企业间的合作研发策略不仅受供应链竞合环境的影响，也同时改变着供应链企业间的竞合关系网络（Cassiman et al.，2009；Tomlinson，2010；Gnyawali and Park，2011；Pathak and Wu，2014；Kim，2014；Yami and Nemeh，2014）。与此同时，现代企业对企业间竞合关系、知识产权和非正式合作行为等的重视，也为企业间的合作研发带来了新的问题。因此，对于多主体竞合供应链中企业间合作研发策略的研究，不仅需要考虑合作研发策略与供应链竞合环境之间的相互作用，还需要兼顾其他因素的影响。

第一节　研究的现实背景

近年来，我国企业的研发经费支出规模得到大幅提高，但是研发经费支出强度却远落后于欧美等发达国家。同时，我国企业的研发投入还存在较大的浪费，研发活动对产出的促进作用并没有得到有效发挥（Chiu et al.，2012）。因此，短期内提升我国企业的研发水平尚存在一定难度。另外，为促进我国企业的技术创新，国家出台了一系列措施，指出要加强以企业为主导的产业技术创新战略联盟和产业共性技术研发基地建设，鼓励企业通过合作研发、建立联合研发中心、专利交叉许可等方式开展创新合作。由于企业之间的合作研发能够节约研发成本、降低研发风险、提高研发效率，因此，我国企业更加迫切地需要联合国内外企业进行合作研发，集中有限的资源进行技术攻关，解决产业发展中急需的关键技术难题，以此提升我国企业的整体研发能力和国际竞争能力（Eng and Ozdemir，2014；Sun and Cao，2015）。

一 供应链管理的发展要求合作研发考虑供应链竞合环境

供应链作为信息技术革命的产物，是一个从上游供应商到下游客户的既有纵向连接又有横向连接的复杂网络（Kranton and Minehart，2001）。在以买方为核心的多主体竞合供应链中，同时存在买方—供应商二元关系、供应商—供应商二元关系，以及买方—供应商—供应商三元关系。在对供应商进行管理的过程中，管理者们经常发现，任何两个企业之间的关系都可能会受到第三个企业的影响，例如，Asanuma 在 1985 年和 1994 年对日本汽车企业进行的研究，发现供应商与供应商之间的竞争与合作会受到买方企业的影响，有时买方企业鼓励供应商与供应商之间互相合作（如在产品开发或技术创新过程中的合作），有时买方企业更希望供应商与供应商之间保持竞争关系（如在供应商报价过程中的竞争）；Wu 和 Choi（2005）的案例研究发现，买方企业与供应商间的关系也会受到其他供应商的影响，亦如 Flip-Flop 与供应商 1 之间长达十多年的合作关系在供应商 2 的加入后曾面临崩溃，辗转 4 年之久，当 Flip-Flop 决定放弃供应商 2 时，Flip-Flop 与供应商 1 的合作关系才得以恢复。因此，供应链企业之间的关系已经突破了传统的二元关系，在向更为宽泛、更为复杂的网络关系延伸。

相互竞争的企业在研发领域内展开合作的现象在资本密集型制造业中（如汽车行业、航空航天行业）十分常见。为了提高资源和知识的流动，增加研发活动的成功率，企业也会邀请其他供应链成员共同参与研发过程。特别是在代工生产（Original Equipment Manufacturer，OEM）方式中，为了满足 OEM 购买方的要求，OEM 供应商之间经常在新产品开发或系统模件制造过程中展开合作（Wu and Choi，2005；Wu et al.，2010）。在以买方为核心的多供应商供应链中，供应商与供应商之间的横向合作研发会受到买方的影响（Dyer and Nobeoka，2000），例如，买方可以通过成立供应商标杆学习小组促进供应商与供应商之间的知识交流与共享，可以通过产品差异化策略降低供应商之间的竞争从而间接促进供应商与供应商之间的合作研发，还可以主动为供应商提供帮助进而影响供应商与供应商之间的合作研发。同样，买方与供应商之间的纵向合作研发也会受到其他供应商的影响，例如，当供应商与供应商之间存在密切的合作关系时，若买方只与一个供应商达成合作研发而未与另一个供应商达成合作研发，则达成合作的供应商可能会因为另一个供应商受到不公平的待遇而与买方保持距离。因此，在企业进行合作研发的过程中，特别当这些企业同处一个供应链时，有必要考虑供应链成员之间的竞合关系网络。

二 知识产权保护的加强为合作研发带来了新变化

在合作研发过程中，企业通过相互学习和交流，能将其他企业的知识和技能等外部资源内部化。此时，由于组织间学习和知识共享的存在，会使企业将自身关键技术和知识暴露给其合作伙伴，企业将面临着知识产权流失和权益分配不公的风险。知识产权保护则解决了具有公共属性的技术创新成果的"溢出效应"而导致的"搭便车"问题，授予了创新者在一定时期内独占技术创新市场收益的权利（Lhuillery and Pfister，2009）。近年来，随着知识产权制度的完善，企业越来越注重自身的知识产权保护，拥有先进技术的企业在与其他企业进行合作的过程中占尽先机（Cohen et al.，2002）。如高通公司作为全球最大的手机芯片厂商之一，掌握了大量的 3G 和 4G 移动通信相关专利，在与其他企业的授权许可中掌握很大的话语权，并通过专利许可等方式获得了巨大的经济收益。为了对抗高通，NTT DoCoMo 曾联合三星、富士通、富士通半导体、NEC、松下组成合资公司 Communication Platform Planning，计划开展 LTE 和 LTE-Advanced 芯片的研发与制造，后来该合资公司由于六家企业在合作过程中难以达成一致而停止运营。因此，在知识产权保护受到普遍重视的时代，如何利用企业拥有的研发能力获取相应的经济报酬，占取合作研发的主动性，将是现代企业面临的一个重要问题。

三 企业越来越重视非正式合作行为对合作研发的影响

在当今经济社会中，企业之间的相互依赖关系更加紧密，一个企业若想实现自己的目标，就必须关心相关企业的目标（Okamuro，2007）。与此同时，企业之间除了契约层面上的正式合作，还包括一些非正式合作，如互惠利他的合作行为。随着供应链战略的不断发展，企业会为供应链整体或其他供应链成员着想，运用自己的资源主动向其他供应链成员提供帮助，例如，丰田汽车公司为了供应链整体竞争力的提升，经常派工程师解决供应商在研发和生产过程中遇到的问题，不仅如此，丰田公司还成立产品研发小组以促进供应商与供应商之间的知识共享与交流。在多主体竞合供应链中，企业之间的积极交互会营造一种信任、互惠合作的氛围，有利于利他行为的产生。由于企业的利他行为具有正的外部性，能促进社会经济的可持续发展，因此被企业和社会推崇。正如阿里巴巴创始人马云所指："未来的经济一定是'分享、透明、担当'的利他主义经济，在这个互联网时代，'利他主义'才能获利。"然而，由于利他行为可能会降低资源配置的效率，并不是所有的利他行为都会被倡导。因此，企业需要认清不同供应链竞合环境下，利他行为对自身和供应链整体带来的影响，才能够借助利他行为提升企业自身和供应链整体的竞争力。

综上所述，竞争与合作相统一的供应链竞合已成为供应链战略发展的必然趋势，多主体竞合供应链中的成员企业在进行合作研发时需要考虑供应链竞合环境，明晰企业间竞合关系、知识产权、利他因素为企业间合作研发带来的影响，才能在当今这样注重企业间关系、知识产权保护和利他行为的时代中做出及时正确的决策。

第二节　研究的理论背景

随着供应链管理的发展，供应链内部呈现出网络化竞合关系，供应链企业之间的合作研发日益增多。然而，现有国内外关于合作研发策略的研究或关注横向合作研发的合作方式、技术溢出、吸收能力、不确定性、不对称性等问题，或关注纵向合作研发的合作方式、决策模式、技术溢出、供应链协调等问题，或关注合作研发网络的形成与演化、知识共享与知识积累等问题，对多主体竞合供应链中企业间合作研发策略的研究，缺乏考虑企业间竞合关系、知识产权保护、非正式合作行为等因素的影响。实际上，在多主体竞合供应链中，企业间的合作研发策略既受供应链竞合环境的影响，也受知识产权保护与非正式合作行为等因素的影响。因此，在多主体竞合供应链中，企业在与其他供应链成员进行合作研发时不仅要考虑供应链竞合环境，还要审视知识产权保护、非正式合作行为等因素对企业间合作研发策略带来的影响。

一　合作研发理论研究

美国在 1984 年通过了《国民合作研究法案》，允许产品市场上存在竞争关系的企业在研发过程中进行合作，由此引发了大量的关于合作研发问题的研究。关于合作研发的研究主要集中在管理学和产业组织理论两大领域。管理学领域的研究主要从管理学的角度，研究合作研发的动机、伙伴关系、影响因素、组织模式、合作行为、合作研发绩效、知识产权等问题。产业组织理论领域的研究则强调企业与市场的互动，研究企业所处的市场环境、技术溢出与研发决策、研发绩效之间的关系。此外，根据研究对象的不同，关于合作研发的研究可以区分为对横向合作研发的相关研究、对纵向合作研发的相关研究与对合作研发网络的相关研究。企业间横向合作研发的研究针对企业与同行业内的竞争对手之间的合作研发活动，关注企业同竞争对手之间的竞合关系（Katz，1986；D'Aspremont and Jacquemin，1988；Kamien et al.，1992）；企业间纵向合作研发的研究针对的是企业同供应商或客户展开的合作研发活动，关注企业同供应链上下游供应商、客户之间的竞合关系（Banerjee and Lin，2001；Atallah，2002；Ishii，2004）；合作研发网络的研究则针对多个具有不同资源禀赋的企业之间的合作研发，关注网络成员之间的竞合关系网络（Goyal and Gonzalez，2001；Goyal and Joshi，2003）。

二 供应链竞合理论研究

随着供应链实践的发展，供应链企业间关系日益呈现出一种新型的网络化组织形态。目前，供应链网络已经引起学者的普遍关注，涌现出大量关于供应链网络的研究。在供应链网络中，成员企业间的关系主要表现为基于供应链整体利益最大化的互相合作，以及基于独立个体利益最大化的互相竞争。企业之间的这种竞争与合作共存的现象就是"竞合"概念的由来。在现实中，一个买方企业往往会有多个供应商，多个具有竞合关系的企业构成了供应链竞合网络。在这样的多主体竞合供应链中，既存在买方—供应商二元竞合关系，又存在供应商—供应商二元竞合关系，甚至是买方—供应商—供应商三元竞合关系。已有实证研究表明，在一个以买方企业为核心的多主体竞合供应链中，买方企业与某一供应商之间的竞合关系可能会影响买方企业与

另一个供应商之间的竞合关系或者供应商与供应商之间的竞合关系
(Wu and Choi, 2005; Wu et al., 2010; Choi et al., 2002)。面对这
种现状,有学者提出将三元关系作为网络分析的最小单元,应该从三
元的视角分析供应链企业之间的竞合关系 (Choi and Wu, 2009a,
2009b)。然而,目前关于买方—供应商—供应商三元竞合关系的研究
尚处于探索阶段,相关研究多采用案例研究或实证研究的方法,探讨
供应链网络中企业间竞合关系的表现形式、网络竞合关系的结构及其
对绩效的影响。

三　竞合供应链中的合作研发策略研究存在不足

由于企业所处的市场结构会影响企业的市场行为,因此供应链企
业之间的竞合关系网络对供应链企业之间的横向合作研发、纵向合作
研发或混合合作研发都存在一定程度的影响。目前,已有不少实证研
究探讨企业间竞合关系与合作研发的互相影响。学者们发现,在供应
链网络中,供应商与供应商之间的合作研发不仅会受到买方企业的影
响,也会对买方企业的供应链管理产生影响 (Azadegan and Dooley,
2010; Roseira et al., 2013)。同时,买方企业与某一供应商之间的纵
向合作研发不仅会受到该供应商与其他供应商之间竞合关系的影响,
也会受到买方企业与其他供应商之间竞合关系的影响,还会影响供应
链网络内部的企业间竞合关系 (Wu and Choi, 2005; Wu et al.,
2010; Choi et al., 2002)。

关于供应链中的合作研发策略研究,学者们认为,买方—供应商
二元竞合关系或供应商—供应商二元竞合关系的视角能够研究企业在
合作研发中的交互影响,因此多元竞合视角下的合作研发研究并没有
得到重视 (Atallah, 2002)。只有少数学者对供应链网络中的企业间
合作研发进行了研究,例如, Atallah (2002) 研究了横向技术溢出和

纵向技术溢出对供应链企业间合作研发的影响，Iida（2012）研究了供应链网络中企业间的合作研发和供应链协调策略。然而，这些研究还不够系统，也不够全面，难以为特定供应链中企业间的合作研发策略提供指导。此外，虽然有学者提出知识产权和非正式合作行为对合作研发的影响，却很少有人将这些因素引入合作研发的决策过程。因此，多主体竞合供应链中企业间的合作研发策略研究，既需要针对典型供应链考虑供应链竞合网络与企业间合作研发策略的互相影响，也需要考虑不同因素在合作研发决策中的作用。

第三节　研究问题的提出

综上所述，尽管目前国内外对企业间的合作研发进行了大量富有价值的研究，但是仍然存在一些现实和理论问题没有得到有效分析。随着供应链战略和企业间合作研发策略的广泛应用，多主体竞合供应链中的企业在合作研发过程中将会面临一些新问题和新环境。那么，在单制造商多供应商供应链中，企业如何与其他供应链成员进行合作研发，是一个在理论上和实践上都亟待解决的问题。

在合作研发过程中，企业之间存在着知识和资源的流动。在现有的合作研发文献中，学者们对合作研发过程中的知识溢出现象进行了大量的扩展，知识溢出由外生逐渐发展到内生。然而，学者们对内生知识溢出的研究并没有结合企业经营所处的现实背景进行进一步扩展。事实上，在现实中企业面对知识溢出现象存在两种截然不同的态度，一种是基于知识产权保护，使用其所拥有的技术和知识需要支付技术许可费用，另一种是基于企业的利他主义精神，企业会向其他企业免费提供一些帮助（这其实属于主动的知识流动现象）。在单制造商多供应商供应链背景下，供应链竞合环境又会对企业的知识产权保护策略和利他行为产生一定的影响。基于这一认识，本书针对"竞合关系""知识产权""利他因素"三个方面，展开单制造商多供应商供应链中的合作研发策略研究。本书的研究可以进一步分解为以下问题：

首先，在现实中，一个制造商拥有多个供应商的现象十分常见，如多源供应模式中多个供应商为一个制造商的某种最终产品提供同一种中间产品。在这种供应模式中，供应商的订单数量由制造商进行分配，而订单分配原则的设定往往是出于一定的目标（如提高中间产品质量等）。此时，供应商为获取订单会与其他供应商进行质量竞争，同时供应商为提高研发效率、降低研发成本会与其他供应商进行合作研发。在这种情况下，供应商与供应商之间的竞争与合作就会受到制造商的影响，因此在供应商与供应商之间的合作研发过程中考虑制造商的供应商管理策略就十分有必要。已有研究中大都假定供应商能够自行决定其产量，并没有针对制造商主导订单分配这一现实情况。因此，本书提出的第一个问题是，多个供应商同时为制造商的单一产品提供相同中间产品时，供应商与供应商之间如何在相互竞争的同时进行合作研发，供应商与供应商之间的合作研发与制造商的供应商管理策略存在什么样的相互影响，在此基础上供应链内部会形成一个什么样的竞合关系网络？

其次，在现实中，单制造商多供应商供应链还存在其他情形，如多个供应商分别为制造商的不同产品提供相似的中间产品（如不同型号小米手机的 CPU 分别由高通或联发科提供）。与此同时，企业之间的研发能力往往存在很大的差距，并且研发过程在很大程度上受到知识产权保护，企业之间的知识并不能够自由流动。在这种情况下，研发能力的差距将导致供应商拥有不同的竞争力，知识产权保护的存在使供应商的研发策略产生新的变化。已有研究中通常假定企业之间的知识能够自由流动，而且很少考虑企业之间在研发能力上的差距，这与实际中强调知识产权保护的现实情况并不相符。因此，本书提出的第二个问题是，两个供应商分别为制造商的两种可替代最终产品提供相似的中间产品时，若供应商的研发能力不同且研发过程受到知识产权保护，则供应商会选取哪种研发方式，是否会进行横向合作研发，供应商和制造商之间在研发模式选择的过程中会形成什么样的竞合关系网络？

最后，在现实中，除了契约层面的正式合作，企业之间还可能存在非正式的合作行为，如利他行为等，特别是供应链成员之间的非正式合作更为常见。在这种情况下，供应链成员之间的合作研发策略将会受利他性的影响。在多主体竞合供应链中，具有利他性的供应链成员如何进行合作研发，根据本书的文献检索，目前还没有研究涉及该问题。因此，本书提出的第三个问题是，若供应链成员具有一定程度的利他性，则在不同的研发模式中企业的利他性对研发投入、企业利润的影响如何，更进一步地，在不同类型的供应链中企业之间的竞合关系网络具有不同的形式，那么不同类型的供应链中企业的利他行为取向如何？

第四节　研究目的与研究意义

一　研究目的

本书以单制造商多供应商供应链为背景，基于买方—供应商—供应商三元关系，考虑竞合关系、知识产权保护和利他因素的影响，建立供应商—供应商横向合作研发模型、制造商—供应商纵向合作研发模型及横向合作研发和纵向合作研发共存的混合合作研发模型，研究多主体竞合供应链中企业之间的合作研发策略，讨论企业在合作研发过程中所形成的竞合关系网络，完善企业间合作研发理论与企业间竞合理论，为多主体竞合供应链中企业间的合作研发策略提供具有针对性的理论支持。

二　研究意义

在单制造商多供应商供应链中，企业之间的竞争与合作关系错综复杂，企业进行合作研发决策时不仅需要考虑供应链竞合环境，还需要考虑其他因素的影响，如竞合关系、知识产权保护和利他因素等。对单制造商多供应商竞合供应链中企业之间的合作研发策略进行研究具有重要的实践意义和理论意义。

（一）实践意义

首先，本书的研究能够帮助供应商认清在单制造商多供应商供应链中，制造商对供应商—供应商横向合作研发策略的影响，以及其他供应商对制造商—供应商纵向合作研发策略的影响，为供应商制定合作研发策略提供有价值的指导。通过揭示供应商—供应商横向合作研发过程中竞合关系与知识产权保护对企业决策和利润的影响，将有助于供应商形成良性的企业间关系和制定合理的知识产权保护策略。与正式合作相比，非正式合作在合作研发中一直未受到重视，本书的研究结果将为供应商的横向利他行为提供一定的理论依据。

其次，本书的研究能够帮助制造商制定供应商—供应商关系管理策略。通过分析参与质量竞赛的供应商数量对企业的影响，其结果能够为制造商制定合理质量竞赛机制提供理论指导。通过对单源供应和多源供应的比较，帮助制造商选择适当的供源策略提供依据。通过研究产品可替代性对供应商—供应商间横向合作研发与企业利润的影响，能够帮助制造商进行恰当的产品差异性决策。通过分析企业利他性对合作研发和企业利润的影响，能够帮助制造商建立合理的纵向利他关系。

最后，本书的研究能够帮助供应链管理者认清在单制造商多供应商竞合供应链中，知识溢出、供应商数量、产品可替代性及利他因素等与研发投入的关系，明确合作研发策略为供应链内部的竞合关系网络带来的影响，为供应链管理者制定合理策略以提高企业研发投入、提高供应链整体竞争力提供了依据。

（二）理论意义

单制造商多供应商供应链中企业之间的合作研发策略研究，既是对合作研发相关理论的丰富和发展，又有利于完善供应链企业间竞合关系的理论体系。本书创新性地将买方—供应商—供应商三元关系引入企业间的合作研发策略研究中，明确了供应链竞合环境及企业间竞合关系、知识产权保护、利他因素对企业间合作研发策略的影响；弥补了以往合作研发策略的研究只关注买方—供应商之间或供应商—供应商之间的二元关系，缺乏对买方—供应商—供应商三元关系的考虑。

第一，本书第三章研究了多源供应中供应商—供应商间合作研发，该部分的研究拓展了合作研发理论在多主体竞合供应链环境下的研究背景，结论为后续研究探讨供应商研发竞赛机制或供应商转换策略提供了基础。

第二，本书第四章研究了知识产权保护下的供应商—供应商间合作研发策略，是对以往合作研发的研究中缺乏考虑知识产权的完善，其结论为今后研究企业间横向合作研发中的知识产权保护策略提供了一定的思路。

第三，本书第五章研究基于利他性的企业间合作研发策略，该部分内容是对以往合作研发的研究中缺乏考虑企业非正式合作的补充，其研究结论为今后研究企业间合作研发网络形成与演化奠定了基础。

第五节　研究内容与研究框架

一　研究内容

本书研究单制造商多供应商供应链中企业之间的合作研发策略，研究内容主要包括以下几个方面：

第一，考虑到竞合关系的作用，将制造商的供应商管理策略引入制造商单一最终产品情况下的供应商—供应商合作研发过程中，研究多源供应中供应商—供应商之间的横向合作研发策略，分析知识共享和参与质量竞赛的供应商数量对企业决策和利润的影响，探讨企业的研发模式选择与供源模式选择问题。

第二，考虑到知识产权保护的作用，在供应商的研发能力存在不同程度差距的情况下，研究制造商多个最终产品情况下的供应商—供应商之间的合作研发策略，分析最终产品可替代性和知识产权差距对供应商与供应商之间的横向合作研发策略的影响，探讨供应商的研发模式选择对制造商的影响，并进一步确定企业之间由此而形成的竞合关系网络。

第三，考虑到供应链企业之间的非正式合作关系，引入利他因素以揭示企业之间的非正式关系，研究具有利他因素的供应商—供应商之间的横向合作研发策略、供应商—制造商之间的纵向合作研发策略及横向合作研发与纵向合作研发共存的混合合作研发策略，分析利他因素对不同研发模式中的企业决策和企业利润的影响，并根据供应链企业间的竞合关系将供应链区分为不同类型，探讨不同类型的供应链中企业的利他行为取向。

二　研究框架

本书共分六章，结构安排如下（如图 1 – 1 所示）：

第一章为绪论。本章首先阐述研究的现实背景和理论背景并提出研究问题，然后指出研究的目的和意义，最后介绍研究的内容和框架。

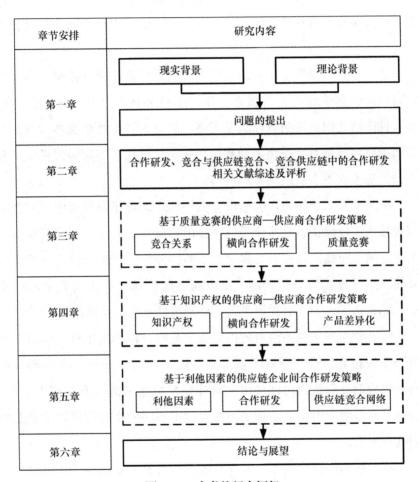

图1-1 本书的研究框架

第二章为文献综述及评析。本章从三个方面对与本书研究相关的文献进行回顾。首先是合作研发的相关研究，回顾了合作研发的概念、组织模式、影响因素，以及横向合作研发、纵向合作研发、合作研发网络的相关研究文献。然后是供应链竞合的相关研究，回顾了竞合与供应链竞合的概念、买方—供应商二元关系、供应商—供应商二元关系、买方—供应商—供应商三元关系的相关文献。其次是竞合供应链中合作研发的相关研究，回顾了不同结构的竞合供应链中企业间合作研发策略及合作研发网络的相关研究。最后对已有的文献进行了述评。

第三章为基于质量竞赛的供应商—供应商合作研发策略。本章考虑到供应链企业间的竞合关系，研究了单一最终产品情况下的供应商—供应商之间的横向合作研发策略，确定了知识共享和参与质量竞赛的供应商数量对企业决策和利润的影响，对比了不同研发模式下和不同供源模式下企业的决策和利润。

第四章为基于知识产权的供应商—供应商合作研发策略。本章考虑到知识产权保护，在多个最终产品的情况下，研究了不同研发能力差距下的供应商—供应商合作研发策略，分析了知识产权价值差距与最终产品可替代性对供应商—供应商之间的横向合作研发策略的影响，并确定了企业在合作研发过程中形成的竞合关系网络。

第五章为基于利他因素的供应链企业间合作研发策略。本章考虑到企业的利他行为，研究了供应商—供应商之间的横向合作研发策略，供应商—制造商之间的纵向合作研发策略及混合合作研发策略，分析了利他因素对企业的影响，并探讨了不同的竞合供应链中企业的利他行为取向。

第六章为结论与展望。本章归纳了本书的主要结论，并阐述了未来研究的方向。

第二章　文献综述及评析

　　针对第一章中提出的研究问题，本章对相关文献进行综述与评析，明确现有研究存在的局限性，并为本书的研究提供可借鉴的思路。

　　1984 年，美国通过了《国民合作研究法案》，允许在产品市场上存在竞争关系的企业在研发过程中进行合作，由此引发了大量的关于合作研发问题的研究。管理学领域主要研究合作研发的影响因素、组织模式、合作行为、合作研发绩效等；产业组织理论领域则运用博弈论方法研究企业所处的市场环境与研发决策、研发绩效之间的关系。虽然这两个领域的关注点和研究范式存在很大不同，但是这两个领域的研究并不孤立，呈现出相互借鉴、相互融合的趋势，如产业组织理论领域的研究吸纳管理学领域提出的吸收能力、知识互补性等合作研发影响因素，建立了一系列合作研发决策模型，从理论上定量分析这些影响因素对企业决策和企业利润的影响。

　　近年来，随着市场环境的不断变化，企业间的合作研发也面临着新环境和新问题，合作研发过程中的企业间竞合关系、合作行为、知识产权保护等也正受到管理学领域的重视。通过对产业组织理论领域的文献综述，发现目前关于竞合供应链中的合作研发策略仍然需要进一步的研究。本书的文献综述内容与思路，如图 2-1 所示。

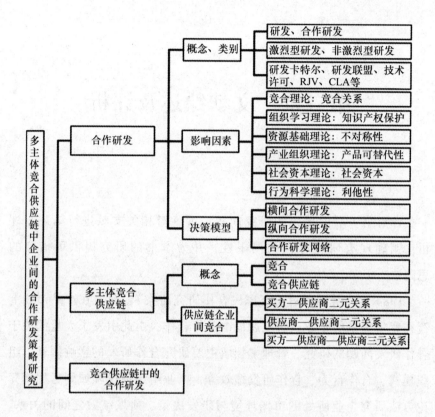

图 2 - 1　本书的文献综述内容与思路

第一节　合作研发的相关研究

一　合作研发的概念与组织模式

（一）研发与合作研发

创新，最早是由美籍奥地利经济学家熊彼特于 1912 年在《经济发展理论》中提出的，他认为"创新是指把一种从来没有过的关于生产要素的'新组合'引入生产体系"。这种新的组合包括：引进新产品或提供一种产品的新质量；采用新技术和新生产方法；开辟新的市场；获得原材料的新来源；实现企业组织的新形式。在熊彼特之后，经济学家又将创新进一步区分为制度创新和技术创新。

制度创新是指在人们现有的生产和生活条件下，通过创设新的、更能有效激励人们行为的制度、规范体系来实现社会的持续发展和变革的创新。制度创新的核心是社会、政治、经济和管理等制度的革新，能够支配人们行为和相互关系、组织行为及组织外部关系的变更。制度创新是技术创新的前提，具有完善的制度创新机制，才能保证技术创新的有效进行。

技术创新是一个从产生新产品或新工艺的设想到市场应用的完整过程，它包括新设想的产生、研究与开发、设计、制造、市场销售到扩散等一系列活动，本质上是一个科技与经济一体化的过程，包括技术开发和技术应用两大环节。按照技术创新的对象，技术创新可分为产品创新和工艺创新。产品创新指企业对现有产品进行了十分显著的改进或在市场中引入了新产品，能够进一步满足顾客需求或开辟新的市场；工艺创新指企业引进新生产方法或对现有生产方法的改进，包括新工艺和新设备的变革。学者们认为，前者通过提高产品的市场需求量进而提高企业的获利水平，后者则能够降低产品的生产成本。根据创新的重要性，技术创新又可以分为激烈型创新或非激烈型创新。激烈型创新能开发出新的产业、产品或工艺，改变现有的市场结构，而非激烈型创新则是对原有产品性能的小幅提高或成本的小幅下降。

研究与开发（Research & Development，R&D，简称研发），是指各种研究机构、企业为获得科学技术新知识，创造性地运用科学技术新知识，或实质性地改进技术、产品和服务而持续进行的具有明确目标的系统活动。研发包括基础研究、应用研究和开发研究三种类型。如果将研发过程作为一项长期战略投资，则研发具有特别重要的特征：不确定性和溢出效应。这两个特征的存在是企业研发失败的重要原因，进而会导致企业研发投入不足。研发活动是企业技术创新过程的重要环节，是技术创新成功的基础。对研发的分类，可以借鉴技术创新的分类方法，根据研发对象将研发分为产品创新型研发和工艺改进型研发，也可根据研发的重要性将研发分为激烈型研发和非激烈型研发。

为了降低研发活动的不确定性，节约研发成本，将研发活动的外部性内部化，企业之间经常围绕研发投资、研发成果利用等方面缔结契约，达成合作研发（Bayona et al.，2001；Kabiraj，2007；Silipo，2008；Carboni，2012）。对于合作研发的定义，各国学者依据其所研究的范围及研究的目的有不同的阐释。有的学者认为，合作研发是指参与企业设立一个共同研究室，在共同进行研发之前，协商共同分担研发成本及共同分享研发成果（Katz et al.，1996）。有的学者认为，合作研发是指由两家或两家以上的企业共同进行研发工作，将研发成果转移给成员，并进行商品化的应用（Dinneen，1998）。也有学者认为，合作研发是指两个以上的竞争企业，将它们各自所拥有的资源进行整合，成立一个新的合法个体以从事研发活动（Hagedoom and Na-rula，1996）。还有学者认为，合作研发是指企业为了共同目标（如开发产品、流程创新等）而进行的合作计划（Mothe and Queilin，2001）。我国学者认为，企业间合作研发是指企业通过与其他企业、事业单位或个人等建立联盟契约关系，在保持各自相对独立的利益及社会身份的同时，在一段时间内协作从事技术或产品项目的研究开发，在实现共同确定的研发目标的基础上实现各自目标的研发合作方式（李东红，2002）。可见，合作研发由两个或两个以上的企业以资源共享或优势互补为前提，在研发的全过程或某些环节共同投入、共同参与、共享成果、共担风险。

需要指出的是，在国内与合作研发相近的提法还有合作创新，而在国外很少提及合作创新。根据前面的定义我们知道，研发和创新、技术创新的概念相近，但各有区别。研发活动是技术创新的基础，并且合作研发作为一种重要的研发形式，符合国际反垄断法的要求和技术发展水平。因此，在本书中采用合作研发的表述。

（二）合作研发的组织模式

根据合作研发的一体化程度，可以将合作研发分为三类（如表2－1所示）：

表2－1　　　　　　　　　　合作研发的组织模式

合作研发类型	具体方式
股权型合作研发	RJV
委托型合作研发	研发外包，技术购买
非股权非委托型合作研发	CLA，研发联盟，研发卡特尔，研发网络，研究协会

第一类是股权型合作研发。这种类型的合作研发主要指合资研究企业（Research Joint Venture，RJV），即由合作企业通过产权合资的形式将其R&D技术和资源结合在一起，成立一个独立的研究开发企业，按照母公司的研究计划，承担R&D职能。RJV通常具有独立的法人资格，作为独立核算的经济主体执行合作研发项目，合作企业根据股权比例分配合资企业的损益。

第二类是委托型合作研发，主要包括研发外包和技术购买。研发外包（R&D Outsourcing），指企业寻求外部力量进行研发，以研发合同的形式把价值链上的研究开发环节委托给其他组织，以达到合理利用有限资源，增强企业核心竞争力的目的。技术购买，指企业为了把有限的资源集中在打造核心竞争力上，将内部无法胜任的非优势的研发业务剥离，转向外部专业的技术提供方购买企业所需技术。研发外包和技术购买的区别在于，前者实际上形成发包方和接包方之间的委托关系，接包方必须向发包方提供符合合同要求的技术成果，而后者则是技术交易的关系。

第三类是非股权非委托型合作研发，主要包括：交叉许可协议、研发联盟、研发卡特尔、研发网络、研究协会等。交叉许可协议（Cross Licensing Agreement，CLA），指合作企业并不出资组建实体组织，而是通过某种形式的协议实现彼此之间的研发成果共享。研发联盟（R&D Alliance），指狭义的技术联盟，若干企业为了获取共同的知识和技术，通过共享彼此的研发资源而形成研发联盟。研发卡特尔（R&D Cartel），则指若干企业为垄断市场而结盟，协调彼此的研发决策。研发网络（R&D Networks），指企业之间在知识生产过程中形成的各种正式与非正式的合作关系的总体结构，强调多个合作伙伴构成的网络。研究协会（R&D Consortium），一般指相同或相关产业中的若干企业和政府部门，为了共同的知识生产目标，构建产业技术平台，通过协议形成的松散型的研究联合体。

此外，根据合作对象，还可以将合作研发分为四类：纵向合作研发、横向合作研发、产学研合作研发、混合合作研发。这里的横向合作研发，是指若干企业以共享研发资源或研发成果，如设备、人力资源和专利等为目的而组成的研发联合体，不强调成员企业在产业链上的位置差异，而纵向合作研发是指产业链的上游企业和下游企业之间在研发活动中进行的合作，通常情况下是通过下游买方企业确定分担上游供应商的研发成本的比例来完成合作的。

二 合作研发的影响因素

企业进行合作研发的目的是降低研发过程中的不确定性、节约研发成本、获取外部互补性研发资源、避免研发成果的外溢等（Bayona et al.，2001；Kabiraj，2007；Silipo，2008；Carboni，2012）。学者们从不同的角度，识别出合作研发的不同影响因素，如表2-2所示。

表2-2 合作研发的影响因素

理论依据	影响因素	代表文献
竞合关系理论	企业间网络的竞合环境，企业间竞合关系	Tomlinson（2010）；Wu 等（2010）；Choi 等（2002）；Bengtsson 等（2014）；Ritala（2012）；Dubois 和 Fredriksson（2008）
组织学习理论	学习能力，知识共享，知识产权保护	Lhuillery 和 Pfister（2009）；Marjit 等（2001）；Cohen 和 Jevinthal（1989）
资源基础理论	技术互补性，技术差距	Berchicci（2011）；Carboni（2013）
产业组织理论	市场结构，产品差异化，技术溢出	Amir 等（2011）；Dawid 等（2013）
社会资本理论	关系网络，信任，合作规范，决策者的社会关系	Akcomak 和 Weel（2009）；Iturrioz 等（2015）；Quintana-Garcia 和 Benavides-Velasco（2004）；Arranz 和 Arroyabe（2007）；Nieto 和 Santamaria（2007）；Bartolini 和 Bonatti（2008）
行为科学理论	有限理性，利他性	Okamuro 等（2011）；Holma（2012）

根据竞合关系理论，企业间的竞合关系对企业战略目标的实现具有重要作用（Bengtsson and Kock，2014）。Tomlinson（2010）、Ritala（2012）等学者认为，在研发过程中，企业可以通过和竞争对手进行合作，获得外部研发资源，从而提升企业自身的研发能力，并进一步提高企业的研发绩效。在以买方企业为核心的供应链网络中，同时存在供应商—供应商二元竞合关系、买方—供应商二元竞合关系，以及买方—供应商—供应商三元竞合关系（Wu et al.，2010；Choi et al.，2002；Dubois and Fredriksson，2008）。此时，供应链企业间的合作研发不仅受到供应链整体竞合环境的影响，还会受到合作参与方之间的竞合关系的影响。因此，从竞合关系理论出发，影响企业间合作研发

的主要因素包括：企业间整体竞合网络、合作参与方之间的竞合关系。

根据组织学习理论，企业作为一系列知识和资源的结合体，必须建立起高效的学习机制，通过不断地获取知识、使用知识、创造知识，才能在复杂多变的环境中获得长期的生存发展。通过合作研发与共同解决问题，企业能够学习其他企业的显性知识，而且可以通过长期合作获得合作伙伴的隐性知识，并共同创造出新知识。Cohen 和 Levintha（1989）认为经过相互学习和交流，企业能将其他企业的知识和技能等外部资源内部化，这时企业的学习能力将影响其对新知识的理解程度，影响其学习的效率，还将影响其应用新知识进行技术研发的能力。与此同时，Marjit 等（2001）提出由于组织间学习和知识共享的存在，会使企业将自身关键技术和知识暴露给其合作伙伴，企业将面临着知识产权流失和权益分配不公的风险，因此企业也需要建立起能有效防范投机行为的治理机制；Lhuillery 和 Pfister（2009）也指出知识产权保护授予了创新者在一定时期内独占技术创新的市场收益的权利，能够解决具有公共属性的技术创新成果的"溢出效应"而导致的"搭便车"问题。从组织学习理论的角度，影响企业间合作研发的因素主要包括：学习能力（或吸收能力）、知识共享及知识产权保护。

根据资源基础理论，资源的异质性决定了企业竞争力的差异。Berchicci（2011）认为通过与其他企业进行合作研发，企业能够接触到其他企业有价值的、稀缺的、无法模仿的、不可替代的资源，而这些资源往往不能通过市场的方式获得。因此，企业在选择合作伙伴时，是否拥有互补性资源成为一个重要的选择标准。然而，Carboni（2013）发现随着外部环境的改变、资源的使用，企业之间的技术差距逐渐缩小、互补资源的价值逐渐下降，这又会造成合作伙伴的机会主义行为，从而导致合作结束。从资源基础理论的角度，企业进行合作研发的影响因素主要包括：技术互补性与技术差距。

根据产业组织理论，不完全竞争条件下的产业内部的市场结构、厂商行为和经济绩效相互作用相互影响。市场结构不仅影响企业行为，也会受到企业行为的影响。Amir 等（2011）、Dawid 等（2013）指出，在合作研发过程中，企业所处的市场环境（包括供给者和需求者的数量及规模、产品差异化等）对企业的决策存在重要作用。对于研发活动的溢出效应，不同的市场结构条件下技术溢出对企业的决策和企业的盈利能力具有不同的影响。从产业组织理论出发，企业间合作研发的影响因素包括：市场结构（供给者和需求者的数量、供给者之间的关系、需求者之间的关系、供给者和需求者之间的关系、产品差异化等）和技术溢出。

根据社会资本理论，社会资本具有组织的特点，如网络及信任、规范等，能够促进组织内部和组织间的合作。企业与其他企业进行合作研发而形成的合作研发网络实质上是一种网络组织，网络成员之间的信任、互惠、合作、规范等特征决定了网络成员获取资源并实现其目标的能力。Akcomak 和 Weel（2009）、Iturrioz 等（2015）认为社会资本能够通过促进信息和知识的共享与传递，对技术创新和技术扩散产生重要作用。另外，也有学者认为与竞争对手进行的合作研发会面临机会主义风险（Quintana-Garcia and Benavides-Velasco，2004；Arranz and Arroyabe，2007；Nieto and Santamaria，2007），而社会资本能够缓解市场交易过程中的机会主义行为，降低交易成本和监管费用，保证交易活动顺利进行（Bartolini and Bonatti，2008）。因此，社会资本理论表明企业之间的关系及信任、互惠规范等对合作研发具有重要的作用。

根据行为科学理论，个体与群体的心理、行为等因素对高效率的实现组织目标具有重要的影响，并且不同个体之间存在的认知与情感差异会导致行为异质性。近年来，大量的行为实验确认了利他行为的存在，并指出利他行为在一定程度上会受到不同环境和条件的影响。供应链作为网络组织，其成员企业之间的利他性有助于形成一种积极的组织气氛，创造组织的社会资本，进而提高组织效率。此外，企业决策者（特别是小企业的领导者）的个人特质（如利他主义精神）对企业间合作研发具有重要的影响（Okamuro et al. ，2011；Bondt，1992）。从行为科学理论的角度，合作研发的影响因素还包括有限理性、利他性、决策者的个人特质等。

三　横向合作研发

现实中存在的大量横向合作研发现象，引起了学者们的研究兴趣。在横向合作研发的研究文献中，Katz（1986），D'Aspremont 和 Jacquemin（1988）及 Kamien 等（1992）进行的开创性研究，为后来的学者研究企业间合作研发奠定了基础。Katz（1986）假设企业的研发活动能够降低生产成本且研发成果具有溢出效应，参与 RJV 合作研发的成员企业能够共同分担研发成本且共同分享研发结果，非成员企业则进行独立研发。他们通过建立四阶段博弈模型研究 RJV 的成立与企业的合作研发策略，并分析企业的合作研发策略对社会福利的影响。沿着 Katz（1986）的研究思路，D'Aspremont 和 Jacquemin（1988）提出的双寡头两阶段模型（简称 AJ 模型）则是合作研发领域的经典模型。AJ 模型假设企业采用过程创新降低生产成本，而且企业的研发成果有一部分会通过溢出效应传递给竞争对手，他们通过研究两个寡头企业在采用三种研发策略（即独立研发、合作研发、垄断研发）时的研发效果、企业利润、行业总产量和社会福利，并分析和总结了技术溢出对三种研发策略的影响。然而，AJ 模型中的合作研发形式只考虑了企业在研发阶段追求联合利润最大化，没有考虑合作研发的其他形式（如企业可以通过知识共享促进知识在企业间的流动，提高企业间技术溢出水平）。针对合作研发的不同形式，Kamien等（1992）建立的 KMZ 模型对 AJ 模型进行了扩展。KMZ 模型同样假设企业的研发活动能够降低生产成本且研发投资具有溢出效应（与 AJ 模型不同的是，KMZ 模型假设企业能够提高技术的溢出程度），研究 n 个企业在第一阶段根据不同的合作方式（即研发竞争、RJV、R&D 联盟和 RJV 联盟）决定研发投资，第二阶段在市场进行古诺竞争或伯兰特竞争时的研发投入和企业利润，并对比分析了四种研发策略下企业的研发投入和企业利润。自 Katz（1986）、D'Aspremont 和 Jacquemin（1988）及 Kamien 等（1992）的开创性工作之后，学者们沿着他们的研究思路和分析方法，从不同角度对上述模型进行了大量的扩展。

将研发的溢出效应内部化是企业进行合作研发的主要动机。在 AJ 模型提出后，一些学者认为企业能够通过知识共享活动提高技术溢出的程度，修正了 AJ 模型关于技术溢出外生的假设并进行了进一步研究。如 Bondt 等（1992）研究了技术溢出、企业数量与产品差异性对企业研发策略的影响，发现当产品差异性和技术溢出水平较高且研发成本较低时，竞争者的小幅增多会提高企业的研发投入和利润，而竞争者数量的大幅增多则会降低企业的研发投入和研发利润。现实中的企业具有不同的学习和吸收能力，因此企业的技术溢出应具有非对称性，基于这一思路，Bondt 和 Henriques（1995）分析了非对称技术溢出对寡头企业研发投入的影响。AJ 模型中技术溢出指的是研发成果溢出，而 KMZ 模型中的技术溢出是研发投资溢出，这两种类型的技术溢出对合作研发策略的影响是不同的（Amir，2000；Martin，2002；Stepanova and Tesoriere，2011）。对于这两种类型的技术溢出均有学者进行研究，如 Shibata（2014）研究了不同市场结构下的研发投资溢出。此外，企业的技术溢出并不是瞬间发生，而是具有动态性，Miyagiwa 和 Ohno（2002）认为溢出速度在合作研发中有重要作用，溢出速度越快，则合作研发对研发投资的提高作用越显著。

在早期的文献中，大多数的合作研发模型都假设企业具有对称性。然而，基于对称企业得出的研究结论并不适用于非对称企业的合作研发策略。由此，有学者对 AJ 模型进行了非对称的扩展，如 Stephen 和 Greg（1998）假设两个寡头垄断企业具有不同的企业规模，研究了非对称的两个垄断企业在进行合作研发时，不同的技术溢出率和研发难度对 RJV 和 R&D Cartel 两种合作形式下成员企业的研发效果和利润的影响；Yin（1999）根据 AJ 模型和 Bondt 等（1992）模型，建立了非对称 RJV Cartel 模型，研究了在一个行业中，两种非对称 RJV 卡特尔竞争模式对有效的 R&D 投资、RJV 成员企业与非 RJV 成员企业的利润，以及社会福利的影响；Maria 等（1999）借鉴 Kamien 等（1992）的研究思路，建立了企业合作研发动态模型，研究企业在对称与非对称的情况下进行的合作研发策略，并探讨了技术溢出对合作方式和社会福利的影响；Ge 和 Hu（2008）考虑了企业在研发效率、吸收能力等方面的非对称性，指出当企业提升研发联盟内部的技术溢出水平时，企业自身的特征如吸收能力、风险规避度、市场竞争等对企业的研发决策有显著的影响。在国内，也有些学者对合作研发进行了非对称扩展，如孙彩虹等（2009）建立的不对称双寡头博弈模型，探讨企业间的不对称性（如初始成本、创新率、溢出水平等）对半合作创新模式下的研发投入、产量、利润及社会福利等存在的影响。

现实中企业具有不同的学习能力，获取外部知识的能力也不尽相同。研发活动不仅能为企业创造新的知识，也能提高企业的吸收能力

（Cohen and Levinthal，1989）。基于此，一些学者在内生溢出的基础上引入了吸收能力，如 Bondt 和 Henriques（1995）考虑非对称的技术外溢对合作研发的影响，同时分析了不同的知识吸收和积累能力对企业行为的影响。沿着这一思路，Kamien 和 Zang（2000）对同一产业链内企业之间的横向合作研发模型进行了拓展，他们指出不同来源的 R&D 成果对企业研发活动的作用不同，提出了"有效 R&D 成果"的概念，认为企业之间在研发路径上的差异会限制企业对外部知识的学习与获取能力，通过建立三阶段寡头竞争模型，他们在论文中讨论了技术溢出水平和学习能力对企业技术研发路径、研发策略和利润的影响。之后，学者们逐渐意识到企业的技术吸收能力不是一成不变的，而是会受到 R&D 投资的影响（Grunfeld，2003），同时吸收能力不仅能提高企业自身的研发效果，还能够降低技术的溢出（Dermot and Neary，2007）。然而，不同的情况下，吸收能力对企业决策和企业利润的影响也存在不同，如 Lars（2005）结合交易成本理论，改进了 Kamien 和 Zang（2000）模型，探讨在三阶段模型中企业的技术研发路径选择和学习能力对企业利润的影响，研究发现，同行竞争企业选择相同的技术研发路径，可以减少技术的专用性，最大化企业间的知识流，增加企业和行业利润；Luo（2013）认为企业的市场目标会影响吸收能力产生的作用，他们研究了一个利润最大化企业和劳动价值最大化企业之间的合作研发策略，并分析了吸收能力对企业产出决策、研发投资决策和社会福利的影响，发现吸收能力对不同目标的企业的影响不同。

企业间进行的合作研发具有多种形式，根据 R&D 任务的特性选择合理的组织形式能够提高合作研发的效率。John 等（1998）以 Kamien 等（1992）模型为基础，建立 Cournot 竞争条件下的过程创新模型，讨论了技术溢出对不同组织形式的 RJV（串联型和互补型）中两个企业的投入产出效率的影响，分析了这两种组织形式下企业的研发投入和实验室配置等方面的差别，并指出，根据 R&D 任务选择合理的 RJV 结构，可以提高合作企业的 R&D 投入产出效率；Pastor 和 Sandonis（2002）从委托代理角度，对比分析了 RJV 和 CLA 两种合作研发模式的优劣。

随着对合作研发影响因素的认识，学者们将除了技术溢出和吸收能力以外的其他因素，如技术互补性、不确定性、产品差异性、企业目标等引入合作研发模型中，分析这些因素对合作研发策略的影响。Patrick（2005）研究在 n 个企业组成的行业中，技术互补性和技术溢出效应对企业合作动机、社会福利和不同规模 RJV 的研发收益的影响；杨晓花等（2008）、石光（2012）研究了存在资源和技术互补性时的企业间合作研发策略。由于研发活动具有很大的不确定性，交易成本理论认为，不确定性引发的机会主义会对合作造成很大影响。有学者研究不确定性和机会主义对企业合作研发策略的影响，如 Miyagiwa 和 Ohno（2002）、Erkal 和 Piccinin（2010）将不确定性概念引入创新过程，建立两阶段动态博弈模型，研究了不确定性对不同研发模式影响。产品差异性会使得市场竞争呈现不同特征，产业组织理论领域的学者认为不同的市场竞争环境下，企业会产生不同的市场行为，基于此，Yakita 和 Yamauchi（2011）研究了技术溢出和产品差异性对寡头企业间合作研发策略的影响；Bourreau 和 Dogan（2010）研究了两个竞争对手之间在产品开发和过程研发中的合作，并分析了产品差异性对合作研发策略的影响。企业的研发活动不仅能够降低成本，也能够提升产品质量，同时企业进行研发活动的目标除了提升自身利润还有其他目标（如提升消费者剩余）。基于不同的目标，Saha（2014）研究了企业在不同目标下的合作研发策略，并对比分析不同研发策略存在的异同。也有学者将静态的合作研发扩展到动态的合作研发，研究了合作研发的动态演变及稳定性，如 Cellini 和 Lambertini（2009）。

在企业进行合作研发的过程中，合作研发策略和其他策略（如知识产权保护策略、知识共享策略等）也存在相互影响。基于此，学者们也对合作研发过程中的其他策略进行了探讨。针对合作研发过程中的知识产权风险，有学者研究了合作研发过程中的知识产权保护策略，如 Tao 等（1997）、Maijit 等（2001）、Pastor 和 Sandonis（2002）、Jost（2011）等。也有学者研究了合作研发过程中的知识共享机制（纪慧生，2010），以及政府补贴策略（彭鸿广、骆建文，2011；吴勇、陈通，2011）、联盟策略（Zhang and Frazier，2011）。此外，研发活动可以分为成本降低型研发和质量提升型研发，有学者比较了这两者对合作研发策略的影响（Sun，2013；Levin and Reiss，1988）。

四 纵向合作研发

正当人们对企业间横向合作研发进行大量研究之时，生产实践中却出现了许多纵向合作研发的案例。以技术溢出效应显著的半导体产业为例，日本在 1976 年开始推行"VLSI 技术研究组合"，透过日本政府的补贴政策，通过半导体产业内的上、下游企业之间的合作研发，将日本的半导体技术提升至世界水平；美国在 1987 年成立的半导体设备业研发联盟"Semiconductor Manufacturing Technology Consortium，SEMATECH"也是一个典型的成功案例，将合作研发从产业内水平合作趋向产业间的垂直合作。纵向合作研发的成功，引起了学者们的兴趣。

Banerjee 和 Lin（2001）首次提出了纵向 RJV 模型，该模型研究了在由一个上游企业和 n 个下游企业组成的纵向产业体系中，上游企业联合 k 个下游企业组建 RJV，讨论了不同的成本分担方式对 RJV 规模和社会福利的影响。此后，学者们针对不同的产业链结构，对纵向合作研发进行了大量研究。

关于一个上游企业和一个下游企业之间的合作研发策略，Ge 等（2014）研究了一个上游企业和一个下游企业的供应链中的纵向合作研发策略；Nasr 等（2015）研究了在供应链合作研发过程中，具有不同偏好的两个供应链企业之间关于知识共享的竞合策略，并通过计算机仿真研究企业在长期重复交互中的策略选择，分析主导企业与从属企业的合作动机及决策类型对均衡利润的影响。关于一个上游企业与多个下游企业之间的纵向合作研发策略，武博等（2011）对其进行了研究。关于一个买方多个供应商供应链中的纵向合作研发研究，刘伟和张子健（2009）建立了由 n 个供应商和一个制造商组成的两级纵向合作研发模型，探讨了供应商与制造商进行合作研发的条件及供应商的最优研发成本分担比例；Idia（2012）研究了一个买方和多个供应商之间在合作研发过程中的供应链协调策略。关于多上游企业多下游企业供应链中企业间的纵向合作研发，陈宇科等（2010）研究了产业链上游双寡头竞争条件下，上游创新企业与下游成员企业的联盟策略；张振宇和杨克磊（2013）研究了两家上游企业和 n 家下游企业组成的市场结构中企业间的纵向 RJV，分析了技术溢出对纵向合作研发策略的影响。此外，邹艳等（2011）研究了一个具有 M 个上游企业、一个中游企业和 N 个下游企业组成的三级供应链中，中游企业的纵向合作研发策略及其对技术研发效果和产业链利润的影响。

五　合作研发网络

合作研发网络是各合作研发参与主体在研发活动过程中，通过相互交流、合作所形成的一种研发关系网络。有研究表明，企业之间的创新合作失败率很高，失败的原因往往不是出自技术本身，更多的是来源于合作网络的管理方面（Das and Teng，2000；Pathak et al.，2014）。那些获得卓越创新绩效的企业在合作网络治理方面具备明显的优势（Arranz and Arroyabe，2007；Hagedoorn et al.，2006）。

在合作研发网络中，企业之间的地理和技术距离，过去的合作经验及网络结构对企业间的合作行为具有显著影响（Paier and Scherngell，2011；Hanaki et al.，2010）。关于网络结构对合作研发行为的影响，Goyal 和 Gonzalez（2001）通过建立三阶段博弈模型将微观企业的合作研发决策与宏观市场的网络结构相联系，研究了合作研发网络的网络结构与企业的合作行为之间的关系。考虑到企业间进行合作研发需要付出管理成本，Goyal 和 Joshi（2003）在 Goyal 和 Gonzalez（2001）的基础上，进一步探讨了管理成本对企业合作研发策略及合作研发网络稳定性的影响。另外，网络成员之间的合作行为、网络治理会促进合作研发网络的形成与不断进化。Konig 等（2011）认为知识整合是导致合作研发网络不断变化的主要原因，他们从现实中合作研发网络的静态特征出发，建立了一个合作研发网络进化模型研究企业在合作研发过程中的知识交换在网络进化中的作用，并通过计算机仿真验证了他们的观点。之后，Konig 等（2012）通过建立二阶段模型对合作研发网络中企业的知识整合与网络形成进行进一步研究，发现合作研发网络的效率依赖于合作研发的边际成本，边际成本较低时完全网最有效，边际成本较高会导致网络呈现非对称结构，此时网络的稳定性往往较低。此外，不同网络结构下，技术溢出对企业合作研发行为也会产生不同的影响。基于这一观点，Kesavayuth 和 Zikos（2012）建立了一个四阶段博弈模型，研究具有三个上游企业和三个下游企业的供应链中，上游企业间的合作研发网络和下游企业间的合作研发网络的形成，分析技术溢出对不同结构的合作研发网络内企业决策和企业利润的影响，并探讨不同结构的合作研发网络的稳定性。

通过文献梳理，本书发现，学者们在关注网络结构和合作行为的同时，也关注合作研发网络内企业间关系，如 Bien 等（2014）研究了合作研发网络内部企业间的信任关系对企业绩效的影响机制。除此以外，还有学者通过对产业内企业间合作研发网络的网络结构和网络进化进行研究，分析产业的发展趋势，如 Hagedoorn 和 Roijakkers（2006）、Chirgui（2009）。

在国内，学者对合作研发网络也进行了一些探索性研究。有学者研究了企业合作创新网络对企业创新绩效的影响（谢雪梅，2010；魏江等，2014）。也有学者研究了网络多元性（吴绍棠、李燕萍，2014）、知识的互补性（陈祖胜等，2015）对合作研发网络内企业进行联盟的影响。还有学者研究了合作研发网络中的企业间的知识共享行为（吉迎东等，2014）、利益分配机制（符栋良等，2014；乔军华、杨忠直，2013）。

以上分别从合作研发的概念与组织模式，影响因素及横向合作研发、纵向合作研发及合作研发网络等几个方面对相关研究进行了回顾。我们发现自 20 世纪 80 年代以来，学者们从不同的角度对合作研发进行了大量的研究。基于不同的理论背景，合作研发具有不同的影响因素，如从社会资本理论和行为科学理论出发，企业间非正式的合作关系（信任、互惠、利他等）有利于降低交易成本、提高合作效率；从组织学习理论出发，企业间的知识共享和知识产权保护对合作研发具有重要的影响作用；资源基础理论说明企业之间研发能力的差异能够为企业带来不同的竞争力；从竞合理论出发，企业间竞合关系和竞合网络在合作研发过程中起着重要作用；产业组织理论则认为企业所处的市场结构和市场环境决定着企业的合作研发策略。在管理学领域的学者们探究合作研发影响因素的同时，产业组织理论领域的学者们从最经典的几篇文献出发，结合管理学领域的研究结果对合作研发模型进行了不同方向的扩展，如在横向合作研发中考虑技术溢出、学习能力、不对称性、产品差异性、合作态度等，也有学者将横向合作研发扩展至纵向合作研发甚至合作研发网络。

第二节 供应链竞合的相关研究

一 竞合与竞合供应链的概念

（一）竞合的概念与类型

美国耶鲁管理学院的 Brandenburger 和 Nalebuff 合著的《合作竞争》一书中首次提出"竞合"一词，并指出："竞合是一种超越了过去的合作以及竞争的规则，并且结合了两者优势的一种方法。竞合意味着在创造更大的商业市场时合作。"此后，竞合正式作为一个独立的研究领域并引起研究者们的广泛关注。

关于"竞合"概念的界定，经历了一个演变过程。首先，学者们认为竞合是一种环境特征，强调企业间竞争与合作关系与环境的相互依赖及其对企业行为的影响。这种观点源自 Brandenburger 和 Nalebuff（1996）、Afuah（2004），他们认为价值链中的核心企业与顾客、供应商、互补者和竞争者之间形成的竞合关系能为核心企业带来价值。根据竞合的情境观点，两个竞争者可以通过互相合作增强自身实力，进而在与第三个企业的竞争中占据优势。

接下来，也有学者们认为竞合是两个或两个以上企业之间的交互过程，强调竞争与合作同时发生在相同的主体之间。根据竞合的过程观点，企业与其他企业在某些行动中合作，如技术开发，而这些相同的企业在另一些行动中竞争，如商业化过程（Bengtsson and Kock，1999；Bengtsson and Kock，2000；Gnyawali et al. ，2001；Luo，2005；

Padula and Dagnino，2007）。

此外，学者们对竞合的概念也给出其他定义。例如，Choi 等
（2002）、Dubois 和 Fredriksson（2008）、Madhaven 等（2004）、Wu 等
（2010）认为竞合是在三元关系中某些企业之间的合作对其他企业之
间的竞争产生影响的现象。也有学者将竞合的概念扩展至不同供应链
之间（Song and Lee，2012；Wihelm，2011）和不同网络之间（Peng
and Bourne，2009）的竞争与合作共存的现象。

最近，Bengtsson 等（2014）提出一个较为综合的概念，认为竞
合是指两个或两个以上的企业之间在互相竞争的同时互相合作。此
时，对竞合概念的理解则需要从竞争与合作的相互平衡与动态发展的
角度看待企业间关系。

对于竞合的分类，可以从三个角度对其进行分类：

根据竞合主体的数量进行的分类。根据参与合作的竞争对手的数
量，将竞合分为二元竞合（两个竞争对手之间）、三元竞合（三个竞
争对手之间）和多元竞合（多个竞争对手之间）。

根据竞合主体在产业链中的位置进行的分类。根据竞合主体在产
业链中的位置，将竞合分为纵向竞合（产业链上下游之间）和横向竞
合（同一产业内部竞争对手之间）。

根据竞合主体的网络位置进行的分类。根据企业是否属于同一网
络，将竞合分为网络内竞合（网络内部企业之间）与网络间竞合
（企业与网络外部企业之间）。

（二）供应链竞合的概念

供应链竞合是指在一个供应链中，核心企业与供应商、经销商在
相互关联的基础上，以追求供应链价值为目标，通过互相合作进行价
值创造，并通过互相竞争进行价值获取。在一个既存在竞争关系又存
在合作关系的竞合供应链中，两个企业之间的关系可能是竞争关系，

也可能是合作关系，还可能是竞争关系与合作关系同时存在。关于这个定义，有以下几点需要说明：

（1）供应链企业之间通过竞争与合作形成了一个相互依存、相互作用的竞合供应链网络。一方面，竞争是合作中的竞争。供应链企业之间在相互竞争、存在分歧和对立的同时，存在着共同利益，也产生了一定的依赖关系。企业在某一方面就双方利益和目标达成一致时，就拥有了进行合作的基础，为了竞争而学会必要的妥协与合作，建立互惠互利的竞合关系。另一方面，合作是竞争中的合作，合作并不排斥竞争。企业间进行合作的目的是增强各自的竞争优势，从而进行更大范围、更高层次的竞争。在竞争中寻找一切合作机会，通过联合赋予供应链成员更大的市场竞争能力，进而起到在合作过程中强化竞争的作用。

（2）供应链中的竞合主体主要是核心企业与上游供应商、下游经销商。在这个供应链中，既存在上游企业和下游企业间的纵向竞合，也存在上游企业与上游其他企业之间或下游企业与下游其他企业之间的横向竞合；既存在两个企业之间的二元竞合，也存在三个企业之间的三元竞合，还存在多个企业之间的多元竞合。

（3）供应链竞合既强调企业之间的合作，也强调竞争，从而突破了以往单纯强调某一方面的局限性。在竞合状态下，多个企业可以在某些领域合作，而在另一些领域内竞争。根据 Luo（2007）容易刺激合作的领域主要包括价值链内的行动，特别是长期的外包或供应协议、联合研发、联合生产、共同营销，以及其他的决策支持活动（诸如信息系统、人员培训、财务支持等）。企业的竞争性行为多集中在产品营销、资源争夺、利润分割等领域。

（4）供应链竞合体现在动机和行为两个层次上。第一，每个企业都具有与其他企业合作的动机，同时也具有与其他企业竞争的动机。

特别是当企业面临激烈竞争时，企业参与合作的动机也比较强烈。而在企业合作的后期，企业的竞争动机将会增强。这也是众多联盟在后期解体而没有走向其他更深层次合作的主要原因之一。第二，企业之间无论是竞争动机还是合作动机，都必须通过行为体现。因此，企业的合作行为，很好地体现了企业的合作动机并且已经转化为实际的行为。但是，合作并不能说明企业之间没有竞争的行为。特别是当资源具有稀缺性时，竞争是不可避免的。此外，在企业合作的过程中，企业不仅就如何合作而进行谈判，而且会就利润分割进行谈判。这种谈判实质上是一种竞争的体现。

（5）供应链竞合具有多样性和动态性。在企业合作关系中，当前是合作占据主要的，而下一阶段可能变成竞争占据主要的。在企业之间的竞合关系建立之后，引发合作与竞争的因素并不是一成不变的，因而企业合作与竞争的动机会随着时间变化。

二　买方—供应商二元竞合

现有文献关于买方—供应商二元竞合的研究主要关注买方和供应商之间或者供应商和经销商之间的竞争与合作。这种二元竞合框架是对企业间垂直关系的抽象。一般而言，买方和供应商之间的二元关系可以分为合作关系、竞争关系与竞合关系（Choi et al.，2002）。在合作关系中，买方和供应商将对方视为战略合作伙伴，双方之间会建立长期的伙伴关系且为一个共同的目标而相互合作，并在合作过程中进行交流互动并共享信息。这种合作关系强调企业之间的信任与承诺。在竞争关系中，企业往往着眼于短期利益而注重短期关系取向，企业之间为争夺共同的稀缺资源而表现出对抗性的行为，买方和供应商作为独立的主体，将以自身收益最大化为目标做出决策。竞争关系强调买方和供应商之间的信息防范并保持一定距离。此外，买方—供应商之间可能同时存在竞争与合作，如企业之间在研发活动中进行合作以创造更大的产品市场，在生产销售过程中进行竞争以降低自身成本或提高自身获利水平。竞合关系强调买方和供应商之间的交互过程。事实上，供应商和买方之间进行的每一项交易，双方都会从各自的角度出发判断这项交易背后的风险及对双方关系带来的影响。因此，长期来看，买方—供应商之间的二元关系具有竞争与合作交替进行、互相影响的特点。

与此同时，实践中买方—供应商之间的关系也不断地演变。20世纪80年代以来，面对来自全球的竞争，买方企业对供应商的管理逐渐由竞争方式过渡到合作方式，再由合作方式过渡到既竞争又合作（竞合）方式。竞争意味着双方之间的利益冲突与目标不一致，合作意味着买方和供应商之间联合行动与协作。而竞合则意味着买方企业和供应商为了一个共同的目标（如提高产品质量、缩短交货期、降低生产成本）进行合作，同时他们之间就货物的支付存在一定程度的冲突。因此，在买方—供应商二元竞合框架背景之下，买方—供应商之间的竞合具体表现为合作研发、联合生产、合作营销、知识共享、利润分配、价格谈判等。

同样，学术界对买方—供应商间二元竞合的研究也取得了一系列成果。我们发现这些研究经历了这样一个过程，首先是对来自现实中各种有效的管理实践的报道，然后是采用案例分析方法对典型案例进行研究，直到统计检验对这些现象背后的因果关系进行分析，或考虑到企业之间的互相影响而建立博弈模型研究企业的策略选择并寻找问题的最优解决方案（Nasr，2015）。这些研究试图从制度经济框架、社会网络研究、复杂性理论、博弈论的角度出发，探讨买方—供应商二元竞合的影响因素、对经济绩效的影响，并分析买方—供应商二元竞合背景下企业的策略互动与竞合关系的形成与进化。

然而，在多供应商供应链网络中，买方—供应商二元竞合已经不能更好地解释供应链网络中买方企业和供应商的行动，如买方企业对供应商—供应商关系的管理。通过文献的综述与梳理，我们发现目前学者们对买方—供应商间二元竞合的研究已经突破了传统的两主体环境，开始进入更为复杂的动态网络环境。在这种背景下，有学者开始将买方—供应商二元竞合扩展到买方—供应商—供应商多元竞合环境中，并开始考虑供应链网络中企业间竞合的形成与演化。

三 供应商—供应商二元竞合

供应商—供应商之间的关系最早由 Asanuma 在 1985 年提出。他在研究日本汽车行业中买方和供应商关系时，发现在研发阶段买方通常会引导供应商与供应商之间进行合作以提高研发效率，接着在供应商选择阶段买方则会通过供应商之间的竞价选择合适的供应商，在这个过程中，对于供应商来讲，需要考虑如何同其他供应商进行合作以提升自身的竞争力最终获得买方订单。随后，Kamath 和 Liker（1994）指出日本的汽车供应商更多地得益于供应商之间的竞争，而非供应商之间的合作。他们的研究发现，在研发过程中买方企业会邀请两个供应商的工程师分别组成两个研究小组，通过两个小组的互相竞争，买方企业最终可以得到一个满意的设计方案。Richardson（1993）认为日本的汽车供应商采用的平行采购策略就是利用供应商与供应商之间的竞争与合作，达到买方企业提高产品质量并降低成本的目的。Brandenburger 和 Nalebuff（1996）则将这种竞争的同时进行合作的现象描述为"竞合"。Wilhelm（2011）认为正是买方企业的采购策略（单源采购或多源采购）引致了供应商—供应商之间的竞合。于是，涌现出一批学者研究供应链网络中供应商—供应商的二元竞合。

然而，供应商并不会任由买方企业摆布，特别是买方的关键供应商。Cross（1995）同样研究了供应商与供应商之间的关系，发现当买方要求相互竞争的供应商进行合作时，虽然供应商会同买方企业进行合作以向市场提供更好的产品，但是供应商并不会按照买方的意愿而同其他供应商进行知识共享，以防将自身知识泄露给对方而导致自身竞争力降低。Wu 和 Choi（2005）用案例研究的方法，研究了供应商—供应商间的竞合关系，将供应商—供应商间关系分为五种类型：冲突型、契约型、狗咬狗型、网络型及交易型，发现买方企业的供源选择策略和供应链管理方法对供应商—供应商的竞合关系具有重要影响。因此，在以买方企业为核心的供应链网络中，供应商与供应商之间可能是完全竞争关系（如同一个产品中相同零部件的两个供应商之间，图 2-2 中供应商 3 和供应商 4 之间的关系），也可能是完全合作关系（如同一个产品中互补型零部件的两个供应商之间，图 2-2 中供应商 1 和供应商 2 之间的关系），还有可能是竞争与合作并存的竞合关系（如不同产品的共同零部件的两个供应商之间，图 2-2 中供应商 2 和供应商 3 之间的关系），甚至不存在任何关系（图 2-2 中供应商 4 和供应商 5 之间的关系）。

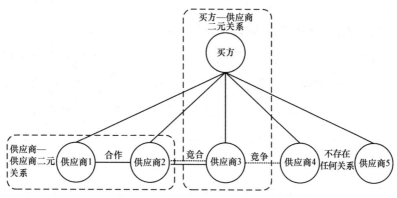

图 2-2 供应链网络中企业之间的竞合关系

供应商—供应商二元竞合在为买方企业带来不少好处的同时，也会对买方企业的供应商关系管理带来极大挑战。为了更好地理解供应商与供应商之间的这种竞争与合作对供应商乃至买方企业的影响，有学者研究了供应商—供应商间竞合关系的影响因素及其对绩效的影响。Wu 等（2010）研究了供应商—供应商之间的竞合关系对供应商绩效的影响，发现买方企业能显著影响供应商—供应商之间的竞合行为，而供应商—供应商之间的竞合关系对供应商绩效不存在显著影响。Ho（2013）从知识共享的角度研究供应商—供应商间的竞合关系，发现供应商—供应商间的合作能够为供应商获得互补性技术和知识，通过供应商—供应商之间的合作能够为买方企业带来更好的产品和服务，同时买方企业可以通过一些治理机制促进供应商—供应商之间的信任与合作关系的建立，避免供应商的知识遭到对手的滥用。因此，供应商—供应商二元竞合需要考虑买方企业的影响，同时也对买方企业及买方—供应商二元竞合造成一定影响。

在这个背景下，供应商—供应商二元竞合将传统的供应链（买方—供应商二元关系）与供应链网络联系起来，成为买方—供应商二元竞合的扩展与延伸（Wilhelm，2011）。

四　买方—供应商—供应商三元竞合

最近二十年，供应商—供应商之间的竞合为买方企业在提高产品质量、提高研发效率、降低生产成本等方面带来的影响，引起了买方企业对供应商—供应商竞合的关注。越来越多的买方企业将战略目光从买方—供应商关系管理扩展至买方—供应商—供应商关系管理。管理实践的这种变化，也引起了学者们对买方—供应商—供应商关系的研究兴趣。学者们发现，在一些情况下，买方要求供应商进行合作，而在另一些情况下，买方希望供应商之间保持一定竞争。然而，供应商—供应商之间的竞合并不总是如买方企业所愿。如 Wu 和 Choi

（2005）在研究多供应商供应链中买方企业的供应商管理策略时，发现买方的策略（如供应商选择）会触及供应商利益，进一步导致供应商—供应商关系发生变化。因此，为了更好地理解供应链网络中买方企业和供应商的行动，从供应链网络的角度把握买方—供应商之间的竞合及供应商—供应商竞合的变化，我们需要将买方—供应商竞合与供应商—供应商竞合相联系，建立买方—供应商—供应商多元竞合。

Choi 和 Wu（2009）应用平衡理论和结构洞理论对买方—供应商—供应商多元竞合进行研究，识别出三种平衡状态、三种不平衡状态和三种结构洞状态（如图 2-3 所示），并分析了不平衡状态向平衡状态转换

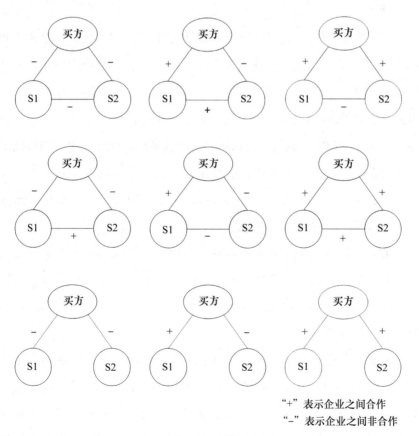

"+"表示企业之间合作
"-"表示企业之间非合作

图 2-3 买方—供应商—供应商三元竞合关系

的可能途径。

通过对供应链竞合的相关研究进行文献回顾与梳理,我们发现,虽然学者们意识到供应商—供应商间竞合会对买方企业造成一定影响,同时买方企业也会通过一些策略对供应商—供应商间竞合施加影响,并通过实证研究证实了这一点。遗憾的是,至今还没有学者将买方—供应商—供应商三元竞合框架应用到具体决策的分析过程当中(如企业间合作研发决策)。

第三节　竞合供应链中合作研发的相关研究

传统的供应链企业间合作研发的研究主要以 $n \geq 1$ 个上游企业和 $m \geq 1$ 个下游企业组成的供应链为背景,研究上、下游企业间的纵向合作研发策略,如 Banerjee 和 Lin(2001)研究了一个上游企业和 n 个下游企业之间的纵向合作研发策略;Ge 等(2014)研究了一个上游企业和一个下游企业的供应链中的纵向合作研发策略。在现实中,供应链中除了买方—供应商二元关系,还存在供应商—供应商、买方—买方二元关系,甚至买方—供应商—供应商、供应商—买方—买方三元关系。供应链企业之间除了纵向合作研发,还可能存在横向合作研发,甚至混合合作研发,并且不论哪种类型的合作研发都需要在供应链竞合环境下进行决策。根据供应链中横向竞合与纵向竞合相互依存的特征,学者们针对不同的供应链结构研究了供应链中的横向合作研发与纵向合作研发策略。

关于一个上游企业和多个下游企业所组成的竞合供应链中企业间的合作研发策略,Banerjee 和 Lin(2003)假设由 k 个下游企业组成横向 RJV 进行合作研发,而上游企业可以根据下游企业的产品需求量选择最优批发价格,研究了这种情况下上游企业采用固定价格模式和浮动定价模式对下游企业合作研发策略的影响；李卫红等（2012）则建立了一个上游企业和两个下游企业之间同时进行横向和纵向合作研发的博弈模型，对比分析了不同合作研发模式下企业的决策和利润，并探讨了上、下游企业合作研发的利益协调机制。Chen 等（2015）探讨了一个 CM 供应商和两个 OEM 购买方所组成的供应链中企业之间的合作研发策略，他们通过建立三阶段博弈模型，分析了三种决策模式下（CM 制定产品质量、两个 OEM 购买方以集中决策的方式制定产品质量、两个 OEM 购买方以单独决策的方式制定产品质量）企业的研发成本分担比例对企业决策、企业利润和供应链利润的影响。

关于一个下游企业和多个上游企业所组成的供应链中企业间的合作研发，艾凤义和侯光明（2004）针对由一个下游垄断企业和多个上游寡头企业组成的二层市场结构，对上下游共同投资、下游进行研发的合作研发模式提出了一种收益分配机制和两种成本分担机制。Bern-stein 等（2015）探讨了一个装配商和多个供应商所组成的产业链中，供应商之间在合作研发过程中的知识共享策略。

关于多个上游企业和多个下游企业之间的合作研发策略，Atallah（2002）针对两个上游企业和两个下游企业之间的产业链体系，建立了四个合作研发模型：非合作研发、横向合作研发、纵向合作研发和混合合作研发，分析了横向技术溢出和纵向技术溢出对企业决策、企业利润的影响，认为四种合作研发的优劣取决于技术溢出和市场结构。龚艳萍等（2002）基于 Atallah（2002）模型的研究思路，假设在一个纵向产业体系中有 m 个同质的下游企业和 n 个上游企业，讨论不同 R&D 合作形式中横向溢出和纵向溢出对企业 R&D 投资行为的影响。与 Atallah（2002）模型中考虑的研发结果溢出所不同的是，Ishii（2004）考虑到研发投资溢出，认为两个上游供应商和两个下游制造商构成的纵向产业体系中也同样存在横向（投资）溢出和纵向（投资）溢出效应，建立横向合作研发和纵向合作研发模型，研究了横向（投资）溢出和纵向（投资）溢出对不同合作研发模式的影响。结果表明，纵向研发卡特尔比非合作研发带来更高的社会福利，并且当横向（投资）溢出水平较低时，纵向研发卡特尔模式带来的社会福利高于横向研发卡特尔模式。

此外，供应链成员之间的竞争与合作关系错综复杂，使得供应链内部呈现网络结构特性（Xia，2011）。由于供应链的网络结构特性，企业的行为会受网络关系和网络位置的影响（Roseira，2010），并且供应链网络结构也会受到供应链企业决策的影响（Choi and Hong，2002；Kim et al.，2011）。也有学者研究供应链竞合网络的演化过程及演化均衡的影响因素，如 Kesavayuth 和 Zikos（2012）建立一个四阶段博弈模型，研究具有三个上游企业和三个下游企业的供应链中，上游企业间的合作研发网络和下游企业间的合作研发网络的形成，分析技术溢出对不同形态的合作研发网络内企业决策和企业利润的影响，并探讨不同形态的合作研发网络的稳定性。

第四节　现有研究述评

通过对合作研发的相关研究进行的文献综述，发现自 Katz（1986）、D'Aspremont 和 Jacquemin（1988）及 Kamien 等（1992）进行开创性研究以来，学者们采用不同的研究方法（理论研究、案例研究、统计检验、博弈论、社会网络分析等）对企业间合作研发的影响因素、对绩效的影响、策略选择、合作形成与演化进行了广泛且较为深入的研究，获得了大量的研究成果。与此同时，通过对供应链竞合的文献进行梳理，发现供应链企业间的竞合已经吸引了不少学者的关注，特别值得注意的是，学者们对供应链竞合的关注正在从传统的买方—供应商二元竞合逐渐转向供应商—供应商二元竞合与买方—供应商—供应商三元竞合，甚至是供应链网络的多元竞合。

任何企业都不是孤立地存在于市场之中，企业的行为与决策深受与之相关的其他企业的影响，特别是供应链中的相关企业。通过对竞合供应链中合作研发的文献进行回顾，发现只有少数学者对单买方多供应商供应链中企业间的合作研发策略进行了研究，在合作研发的影响因素方面只考虑了供应链结构、决策模式、技术溢出、知识共享等，缺乏考虑其他重要因素的作用。竞合供应链中企业间合作研发策略的研究，还存在以下问题值得进一步探讨与完善。

（1）供应链竞合环境对企业决策存在影响，不同竞合环境中企业间合作研发策略会出现不同的特征。遗憾的是，现有竞合供应链中企业间合作研发策略的研究大都在不同的供应链背景下展开，难以为特定供应链中企业间的合作研发策略提供指导。因此，需要针对特定的具有典型性的供应链，对其成员企业间的合作研发策略进行探讨，才能为该类型供应链中企业间的合作研发提供具有价值的指导。

（2）我们知道，供应商—供应商间竞合会对买方企业造成一定影响，同时买方企业也会通过一些策略对供应商—供应商间竞合施加影响。文献综述显示，只有很少学者从买方—供应商—供应商三元关系的角度探讨了供应商—供应商横向合作研发策略，如 Bernstein 等（2015）、Chen 等（2015）。然而，他们的研究只关注研发卡特尔模式，没有关注其他合作研发的组织形式，如研发合资体模式、研发合资卡特尔模式等。因此，可借鉴横向合作研发领域的研究思路，对多主体供应链中企业间的横向合作研发进行进一步探讨。

（3）在合作研发的众多影响因素中，技术溢出作为最为重要的因素引起了学者们的足够重视。然而，在现实中，由于知识产权保护的存在及企业对知识产权风险的关注，使企业之间的知识不能自由流动，特别是研发所得专利的使用需要向专利拥有方支付高额的专利使用费。遗憾的是，虽然横向合作研发的一些文献已经考虑到知识产权保护的影响，但是竞合供应链中的合作研发策略研究却还未涉及知识产权保护的作用。

（4）目前，企业之间非正式合作行为对合作研发的影响得到了实证研究者们的关注。然而，不论是在横向合作研发、纵向合作研发、合作研发网络，还是在竞合供应链的合作研发策略研究中，都没有对企业间非正式的合作行为予以充分考虑。

第三章 基于质量竞赛的供应商—供应商合作研发策略

第一节 引言

现实中，多个供应商共同为制造商的某个产品提供相同中间产品（服务）的现象十分常见。在这种多源供应模式中，供应商—供应商之间的关系不仅仅是竞争关系，更多的是竞争与合作共存关系：在某些方面竞争，在某些方面合作；在某个时刻竞争，在某个时刻合作（Wu and Choi，2005；Wu et al.，2010；Peng and Boume，2009；李卫红等，2012）。通过对现实中买方—供应商—供应商多元竞合现象的研究，学者们发现有一些聪明的买方企业通过巧妙的运作，能够利用供应商—供应商之间的竞合实现自己的目的（Asanuma，1985；Asanuma，1994；Wu and Choi，2005；Dubois and Fredriksson，2008）。例如，Asanuma 在 1985 年和 1994 年对日本汽车企业进行的研究，发现在产品研发设计阶段，买方企业会通过标杆学习、知识共享、团队合作等方式促进供应商—供应商之间的互相合作与共同参与，进而降低研发复杂度、缩短研发周期、提高研发设计质量；在产品报价时，买方企业则会设计一个价格竞争机制，通过供应商之间的价格竞争降低买方企业的成本。在 Wu 和 Choi（2005）的案例研究中，Organizer

公司在产品设计阶段通过供应商协同达到了提高研发效率的目的，在产品报价阶段通过供应商竞争降低了成本，虽然最终只有一个供应商被 Organizer 选中，但是其他供应商也在这个过程中获得了一些竞争对手和市场的知识。

现有文献中对企业间横向合作研发策略的分析，最经典的是由 Katz（1986）、D'Aspremont 和 Jacquemin（1988）及 Kamien 等（1992）进行的开创性研究，他们均关注合作研发过程中的知识溢出与合作模式对企业决策、企业利润和社会福利的影响。然而，这些模型中的研究对象是相对独立的企业，能独立进行价格决策或产量决策、研发投资决策以及决定是否与其他企业进行合作，研究所得结果并不适用于单买方多供应商供应链中的供应商—供应商横向合作研发。关于单买方多供应商供应链中供应商—供应商横向合作研发，只有很少学者对此进行了研究，如 Bernstein 等（2015）探讨了一个装配商和多个供应商所组成的产业链中，供应商之间在合作研发过程中的知识共享策略。但是，供应商—供应商横向合作研发既需要考虑横向合作研发所具有的特点，如知识溢出与合作模式，也需要考虑供应链竞合环境，如买方企业的供应商管理策略。另外，供应商—供应商之间的竞合也为买方企业的供应商管理带来了难度。在 Benjaafar 等（2007）的文章中，他们假设在一个买方和 n 个供应商所组成的产业链中，买方企业的订单量一定，研究了买方采用单源供应和多源供应时，供应商的数量和成本、买方的订单分配方式对产品质量和企业利润的影响。但是，Benjaafar 等（2007）的研究并没有考虑供应商之间可能存在的合作研发，不能揭示供应商之间的竞合为买方企业的供应商管理带来的影响。

综上所述，在这样一个买方企业占主导地位，供应商占从属地位的单制造商多供应商供应链中，供应商之间的横向合作研发策略需要考虑买方企业的供应商管理策略，而且买方的供应商管理策略也需要考虑供应商—供应商之间的竞合。因此，存在三个方面的问题值得深入研究。首先，在多供应商供应链中，供应商之间的合作研发策略如何，供应商的合作研发模式选择，会不会与买方企业存在不一致？其次，当供应链中存在多个供应商时，买方企业如何制定供应商管理策略，才能通过供应商与供应商之间的竞争与合作达到买方企业提高产品质量的目标？最后，当供应商与供应商之间能够进行合作研发时，买方企业应如何进行供源选择，是强调供应商之间的竞争而只选择一个供应商，还是考虑供应商之间的竞争与合作而选择多个供应商？

与现有文献所不同的是，以往研究多数针对成本节约型研发活动，假定研发活动的目的是降低生产成本，而本书中将企业的研发活动视为一种质量提升型研发，研发活动的目的是提升产品的质量。虽然两类研发模型在经济特性上具有等价性（Levin and Reiss，1988），但是在特定的供应链中，成本节约型研发的研究结果并不适用于需求创造型研发。例如，固定批发价格的供应链中，供应商的成本节约型研发并不会对供应商成本以外的其他方面产生影响，也不会对买方企业和最终产品的市场需求产生影响，而需求创造型研发能够提高最终顾客的需求，对买方和供应商都会产生影响。因此，成本节约型研发的相关研究成果并不适用于本书所考虑的供应链环境。

同时，另一个重要的不同是本章引入竞赛理论借以揭示供应商与供应商之间的竞争关系，进一步考察供应商之间的质量竞争与合作研发对买方企业供源选择的影响。竞赛理论最早由 Tullock 等（1980）提出，用于研究给定竞赛结构下的均衡问题，通过构建竞赛模型研究竞赛行为的均衡，包括均衡努力水平、均衡获胜可能性、竞争者总的均衡努力。自 Tullock 等的原创性工作以来，大量的竞赛模型被应用于研究寻租，包括法律冲突、垄断规制、政策竞争、竞选、产业斗争、家族斗争、专利竞赛及 R&D 竞争等。供应商为争夺订单业务的竞争活动从本质上来讲可以堪称买方企业设计的一种竞赛行为（Benjaafar et al.，2007），因此，可以应用竞赛模型对供应商的竞争行为进行建模。

本章结构如下：第二节对本章研究的问题进行简要描述并提出模型的基本假设；在第三节中，我们将对不同的供应模式进行建模；第四节分析不同供应模式下的知识共享程度、参赛供应商数量对企业决策和企业利润的影响，并分别从供应商角度、制造商角度探讨研发模式选择和供源模式选择；第五节为本章小结，简述本章的研究结论。

第二节　问题描述与基本假设

一　问题描述

本章考虑 n 个风险中性的供应商和一个风险中性的制造商所组成的产业链，制造商占主导地位，负责最终产品的设计加工与最终销售工作，供应商占从属地位（且每个供应商所占地位相同），负责中间产品的设计加工。供应商提供的中间产品相同，并且一单位的最终产品需要一单位的中间产品。顾客对最终产品的需求量取决于最终产品的销售价格和产品质量。

根据供应商数量，将该供应链分成两种供应模式：单源供应模式与多源供应模式。在单源供应模式中，制造商根据供应商的自身质量和相应的质量竞赛方式，在 n 个供应商中选择一个供应商为其提供中间产品，最终只有一个供应商为制造商提供中间产品。在多源供应模式中，制造商根据供应商的自身质量和相应的质量竞赛方式，确定每个供应商所获订单份额，n 个供应商都将为制造商提供同一种中间产品。

在单源供应中，供应商之间是完全的竞争关系。在多源供应模式中，供应商之间是既竞争又合作的关系，供应商可以在质量竞赛（亦即研发决策）阶段互相竞争，在研发实施过程中互相合作。根据 Kamien等（1992），本章将供应商的研发模式分为研发竞争、研发卡特尔、研发合资体和研发合资卡特尔四种模式（其中，第一种模式为研发竞争，后三种模式为研发合作）。在研发竞争模式下，供应商在进行研发决策时只考虑自身利润最大化，在研发实施过程中不进行知识共享活动，供应商之间的知识溢出为自然溢出水平；在研发卡特尔模式下，供应商在进行研发决策时考虑的是供应商整体的利润最大化，在研发实施过程中不进行知识共享，知识溢出保持自然状态下的溢出水平；在研发合资体模式下，供应商在进行研发决策时只考虑自身利润最大化，但是在研发实施过程中会与其他供应商共享知识，供应商之间的知识溢出得到提升；在研发合资卡特尔模式下，供应商在进行研发决策时考虑的是供应商整体利润最大化，而且在研发实施过程中供应商之间存在知识共享。

在该供应链中，首先，在前期准备过程中，制造商确定参与竞赛的供应商数量及相应的竞赛规则、最终获胜的供应商数量（即供源选择），若制造商选择多源供应模式，则供应商需要决定是否与其他供应商进行卡特尔联盟；其次，在质量竞赛过程中，供应商进行研发努力决策并进行质量投标，制造商进行供应商选择（单源供应）或订单分配（多源供应）；再次，在研发实施过程中，供应商进行研发活动，多源供应中供应商决定是否进行知识共享；最后，在销售过程中，制造商制定最终产品的销售价格并进行产品销售。企业的决策过程如图 3-1 所示。

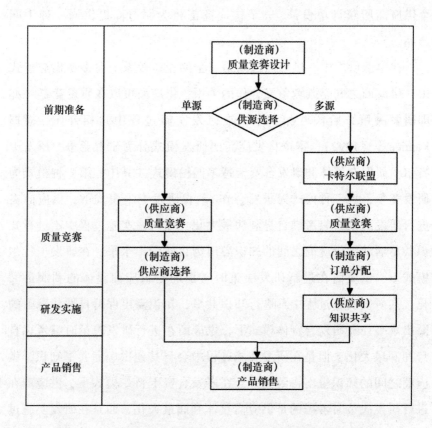

图 3 - 1   基于质量竞赛的上游企业间横向合作研发决策过程

二   基本假设

在建模之前，做出如下基本假设：

假设 3.1：假设供应商生产单位中间产品的边际利润为 λ（即 $\lambda = w - c_s$，其中 w 为中间产品的批发价格，c_s 为供应商的边际成本），制造商生产单位最终产品的可变成本为 c_m（即 $c_m = w + c_0$，式中 c_0 为制造商的边际成本），且供应商和制造商的协调成本为零。

假设 3.2：假设最终产品的市场需求量为销售价格 p 和产品质量 f 的函数：

$$D = D_0 + \gamma f - p$$

式中，D_0 为产品质量为零、价格为零时的市场规模，γ 为产品质量的需求敏感系数。假设产品质量 f 由供应商提供的中间产品的平均质量 q（即 $q = \dfrac{\sum\limits_{i}^{n} s_i}{n}$，式中 s_i 为供应商 i 获得的最终质量）和制造商的生产加工质量 m 构成，即 $f = q + m$。令 $d = D_0 + \gamma m$，此时，产品的市场需求函数可以改写为：

$$D = d + \gamma q - p$$

假设 3.3：假设制造商在进行供源选择时可以采用两种策略：单源供应模式和多源供应模式。若制造商采取单源供应模式，则制造商通过设定相应的质量竞赛机制，在 n 个供应商中选择一个供应商为其提供零部件，供应商 i 被选中的概率（供应商 i 的竞赛成功概率）为：

$$a_i = \frac{\varphi(l_i)}{\sum\limits_{j=1}^{n} \varphi(l_j)}, i = 1, \cdots, n$$

若采取多源供应模式，则制造商根据相应的质量竞赛机制，向每个供应商分配订单，供应商 i 获得的订单比例（供应商 i 的竞赛成功概率）为：

$$a_i = \frac{\varphi(l_i)}{\sum\limits_{j=1}^{n} \varphi(l_j)}, i = 1, \cdots, n$$

式中，$\varphi(l_i)$ 为供应商 i 获得订单的成功似然函数，本章采用线性同质的 Tullock 竞争成功函数定义订单分配函数（即 $\varphi(l_i) = l_i$）。

假设 3.4：假设在多源供应模式中，知识溢出内生（即供应商之间能够通过知识共享提高知识溢出程度），则供应商的研发努力（供应商的研发活动旨在提高零部件质量）可以通过知识溢出使得其他供应商获益。令 l_i 为供应商 i 的研发努力（亦即供应商 i 的自身质量），

$\beta \in [\underline{\beta}, 1]$（$\underline{\beta}$ 为自然溢出，即不存在任何知识共享行动时的知识溢出程度，$\underline{\beta} < 1$）为供应商之间的知识溢出程度，βl_j 表示供应商 j 的研发努力通过知识溢出使得供应商 i 的质量提高的幅度。则在考虑知识溢出的情况下，供应商 i 获得的最终质量为 $s_i = l_i + \beta \sum_{j \neq i} l_j$，付出的研发努力成本为 $\frac{v l_i^2}{2}$。

第三节　模型建立与求解

一　单源供应（S）

在单源供应模式下，制造商在 n 个供应商中选择一个供应商为其提供中间产品。在供应商质量竞赛阶段，供应商以自身期望利润最大化为目标进行研发努力决策并进行投标，供应商 i 投标的中间产品质量只考虑自身的研发努力。供应商 i 被选中的概率为 $a_i^s = \dfrac{l_i^s}{\sum_{j=1}^{n} l_j^s}$。若供应商 i 被选中，供应商 i 按照质量竞赛阶段的研发努力决策进行研发活动，制造商的中间产品质量只和被选中供应商 i 的质量相关，即 $q_i^s = s_i^s = l_i^s$。接下来，在最终产品的销售阶段，制造商根据被选供应商 i 的中间产品质量，以自身期望利润最大化为目标确定最终产品的销售价格。

此时，制造商的期望利润函数为：

$$\pi_m^s(l_1^s, \cdots, l_n^s, p_1^s, \cdots, p_n^s) = \sum_{i=1}^{n} a_i^s \pi_{mi}^s$$

$$= \sum_{i=1}^{n} a_i^s (p_i^s - c_m)(d + \gamma q_i^s - p_i^s)$$

$$(3-1)$$

供应商的期望利润函数为：

$$\pi_{si}^{s}(l_1^{s}, \cdots, l_n^{s}, p_i^{s}) = a_i^{s}\left[\lambda(d + \gamma q_i^{s} - p_i^{s}) - \frac{v(l_i^{s})^2}{2}\right] \quad (3-2)$$

单源供应模式的博弈过程为：

$$
\begin{array}{ccc}
\max\limits_{l_1^{s}}\pi_{s1}^{s}\ (l_1^{s},\ \cdots,\ l_n^{s},\ p_1^{s}) & \boxed{a_1^{s}\ (l_1^{s},\cdots,l_n^{s})} & \max\limits_{p_1^{s}}\pi_{m1}^{s}\ (l_1^{s},\ p_1^{s}) \\
\max\limits_{l_i^{s}}\pi_{si}^{s}\ (l_1^{s},\ \cdots,\ l_n^{s},\ p_i^{s}) & \boxed{a_i^{s}\ (l_1^{s},\cdots,l_n^{s})} & \max\limits_{p_i^{s}}\pi_{mi}^{s}\ (l_i^{s},\ p_i^{s}) \\
\max\limits_{l_n^{s}}\pi_{sn}^{s}\ (l_1^{s},\ \cdots,\ l_n^{s},\ p_n^{s}) & \boxed{a_n^{s}\ (l_1^{s},\cdots,l_n^{s})} & \max\limits_{p_n^{s}}\pi_{mn}^{s}\ (l_n^{s},\ p_n^{s}) \\
& S &
\end{array}
$$

下面采用逆向归纳法，探讨在单源供应模式中供应商的研发努力水平和制造商的销售价格。

第二阶段，制造商在最终市场进行产品的销售，求解制造商的期望利润 π_m^{s} 关于销售价格 p_i^{s} 的最优一阶条件，可得最终产品的最优销售价格为：

$$p_i^{s} = \frac{d + \gamma q_i^{s} + c_m}{2} \quad (3-3)$$

第一阶段，供应商进行质量竞赛，制造商根据供应商的质量水平选择供应商。将式（3-3）代入式（3-2）中，令 $q_i^{s} = s_i^{s} = l_i^{s}$，可得：

$$\pi_{si}^{s}(l_1^{s}, \cdots, l_n^{s}) = \frac{l_i^{s}}{2\sum\limits_{j=1}^{n} l_i^{s}}\left[\lambda(d + \gamma l_i^{s} - c_m) - v(l_i^{s})^2\right] \quad (3-4)$$

令 $\Psi = d - c_m$，供应商的期望利润函数 π_{s1}^{s}, $\cdots$, π_{si}^{s}, $\cdots$, π_{sn}^{s} 关于研发努力水平 l_1^{s}, $\cdots$, l_i^{s}, $\cdots$, l_n^{s} 的最优一阶条件，得到：

$$\begin{cases} \dfrac{\partial \pi_{s1}^S}{\partial l_1^S} = \dfrac{1}{2(\sum\limits_{j=1}^{n} l_j^S)^2}[v(l_1^S)^2(l_1^S - 3\sum\limits_{j=1}^{n} l_j^S) - \lambda\gamma l_1^S(l_1^S - 2\sum\limits_{j=1}^{n} l_j^S) - \\ \qquad\qquad \lambda\Psi(l_1^S - \sum\limits_{j=1}^{n} l_j^S)] = 0 \\ \cdots \\ \dfrac{\partial \pi_{si}^S}{\partial l_i^S} = \dfrac{1}{2(\sum\limits_{j=1}^{n} l_j^S)^2}[v(l_i^S)^2(l_i^S - 3\sum\limits_{j=1}^{n} l_j^S) - \lambda\gamma l_i^S(l_i^S - 2\sum\limits_{j=1}^{n} l_j^S) - \\ \qquad\qquad \lambda\Psi(l_i^S - \sum\limits_{j=1}^{n} l_j^S)] = 0 \\ \cdots \\ \dfrac{\partial \pi_{sn}^S}{\partial l_n^S} = \dfrac{1}{2(\sum\limits_{j=1}^{n} l_j^S)^2}[v(l_n^S)^2(l_n^S - 3\sum\limits_{j=1}^{n} l_j^S) - \lambda\gamma l_n^S(l_n^S - 2\sum\limits_{j=1}^{n} l_j^S) - \\ \qquad\qquad \lambda\Psi(l_n^S - \sum\limits_{j=1}^{n} l_j^S)] = 0 \end{cases}$$

联立方程组，求解可得单源供应模式下供应商的最优研发努力水平为：

$$l_i^{S*} = \frac{\lambda\gamma(2n-1) + \sqrt{\lambda^2\gamma^2(2n-1)^2 + 4\lambda v\Psi(n-1)(3n-1)}}{2v(3n-1)}$$

$$(3-5)$$

制造商的最优销售价格为：

$$p_i^{S*} = \frac{d+c_m}{2} + \frac{\lambda\gamma^2(2n-1) + \gamma\sqrt{\lambda^2\gamma^2(2n-1)^2 + 4\lambda v\Psi(n-1)(3n-1)}}{4v(3n-1)}$$

$$(3-6)$$

供应商最优期望利润和制造商最优期望利润分别为：

$$\pi_{si}^{S*} = \frac{\lambda^2\gamma^2\ (2n-1)\ +\lambda\gamma\ \sqrt{\lambda^2\gamma^2\ (2n-1)^2+4\lambda v\Psi\ (n-1)\ (3n-1)}}{4v\ (3n-1)^2} +$$

$$\frac{\lambda\Psi}{3n-1} \qquad\qquad\qquad (3-7)$$

$$\pi_m^{S*} = \frac{1}{4}\left[\Psi + \frac{\lambda\gamma^2(2n-1)+\gamma\ \sqrt{\lambda^2\gamma^2\ (2n-1)^2+4\lambda v\Psi(n-1)(3n-1)}}{2v(3n-1)}\right]^2$$

$$(3-8)$$

命题 3 - 1：

单源供应模式下，供应商的最优研发努力水平和制造商的最优销售价格分别为 l_i^{S*}，p_i^{S*}，供应商最优期望利润和制造商最优期望利润分别为 π_{si}^{S*}，π_m^{S*}。分别由式（3-5）—式（3-8）给出。

二 多源供应—研发竞争（N）

在多源供应—研发竞争模式下，中间产品由 n 个相互竞争的供应商共同提供。供应商之间既不进行卡特尔联盟，也不进行知识共享。在质量竞赛阶段，供应商以自身利润最大化为目标进行研发努力决策并进行质量投标，供应商 i 的投标质量只考虑自身的研发努力 l_i^N。制造商根据供应商的投标质量向每个供应商分配订单，供应商 i 获得的订单比例为 $a_i^N = \dfrac{l_i^N}{\sum\limits_{j=1}^{n} l_j^N}$。由于供应商之间不存在任何知识共享活动，知识溢出保持自然状态下的溢出水平，即 $\beta = \underline{\beta}$，因此，供应商 i 最终获得的中间产品质量为 $s_i^N = l_i^N + \underline{\beta}\sum\limits_{j\neq i}^{n} l_j^N$，中间产品的平均质量为

$$q^N = \frac{\sum\limits_{i=1}^{n} s_i^N}{n} = \frac{[1 + \underline{\beta}(n-1)]\sum\limits_{i=1}^{n} l_i^N}{n}$$。在最终产品销售阶段，制造商以自身利润最大化为目标进行产品售价决策并销售产品。

此时，制造商的利润函数为：

$$\pi_m^N \ (l_1^N, \ \cdots, \ l_n^N, \ p^N) \ = \ (p^N - c_m) \ (d + \gamma q^N - p^N) \quad （3-9）$$

供应商 i 的利润函数为：

$$\pi_{si}^N \ (l_1^N, \ \cdots, \ l_n^N, \ p^N) \ = \lambda a_i^N \ (d + \gamma q^N - p^N) \ - \frac{v \ (l_i^N)^2}{2}$$

$$（3-10）$$

多源供应—研发竞争模式的博弈过程为：

$$\begin{array}{c}
\underset{l_1^N}{\max}\pi_{s1}^N \ (l_1^N, \ \cdots, \ l_n^N, \ p^N) \\[2mm]
\underset{l_i^N}{\max}\pi_{si}^N \ (l_1^N, \ \cdots, \ l_n^N, \ p^N) \\[2mm]
\underset{l_n^S}{\max}\pi_{sn}^S \ (l_1^S, \ \cdots, \ l_n^S, \ p^S)
\end{array}
\boxed{\begin{array}{c}
a_1^N \ (l_1^N, \cdots, l_n^N) \\
\hline
a_i^N \ (l_1^N, \cdots, l_n^N) \\
\hline
a_n^S \ (l_1^S, \cdots, l_n^S) \\
\hline A^N
\end{array}}
\longrightarrow \underset{p^N}{\max}\pi_m^N \ (l_1^N, \cdots, l_n^N, \ p^N)$$

下面采用逆向归纳法，探讨在多源供应—研发竞争中供应商的研发努力水平和制造商的销售价格。

第二阶段，制造商在最终市场进行产品的销售，求解制造商的利润 π_m^N 关于销售价格 p^N 的最优一阶条件，可得最终产品的最优价格为：

$$p^N = \frac{d + \gamma q^N + c_m}{2} \quad （3-11）$$

第一阶段，供应商进行质量竞赛，制造商根据供应商的质量水平为供应商分配订单。将式（3-11）代入式（3-10）中，可得

$$\pi_{si}^N(l_1^N,\cdots,l_n^N) \ = \frac{l_i^N}{2\sum\limits_{j=1}^{n} l_j^N}\left\{\lambda\Psi + \frac{\lambda\gamma[1+\beta(n-1)]\sum\limits_{j=1}^{n} l_j^N}{n}\right\} - \frac{v(l_i^N)^2}{2}$$

$$（3-12）$$

供应商的利润函数 $\pi_{s1}^N, \ \cdots, \ \pi_{si}^N, \ \cdots, \ \pi_{sn}^N$ 关于研发努力水平 $l_1^N, \ \cdots, l_i^N, \ \cdots, \ l_n^N$ 的最优一阶条件，得到：

$$
\begin{cases}
\dfrac{\partial \pi_{s1}^{N}}{\partial l_{1}^{N}} = \dfrac{\lambda n \Psi \sum\limits_{j \neq 1} l_{j}^{N} + \lambda \gamma [1 + \underline{\beta}(n-1)](\sum\limits_{j=1}^{n} l_{j}^{N})^{2} - 2vnl_{1}^{N}(\sum\limits_{j=1}^{n} l_{j}^{N})^{2}}{2n(\sum\limits_{j=1}^{n} l_{j}^{N})^{2}} \\
\qquad = 0 \\
\cdots \\
\dfrac{\partial \pi_{si}^{N}}{\partial l_{i}^{N}} = \dfrac{\lambda n \Psi \sum\limits_{j \neq i} l_{j}^{N} + \lambda \gamma [1 + \underline{\beta}(n-1)](\sum\limits_{j=1}^{n} l_{j}^{N})^{2} - 2vnl_{i}^{N}(\sum\limits_{j=1}^{n} l_{j}^{N})^{2}}{2n(\sum\limits_{j=1}^{n} l_{j}^{N})^{2}} \\
\qquad = 0 \\
\cdots \\
\dfrac{\partial \pi_{sn}^{N}}{\partial l_{n}^{N}} = \dfrac{\lambda n \Psi \sum\limits_{j \neq n} l_{j}^{N} + \lambda \gamma [1 + \underline{\beta}(n-1)](\sum\limits_{j=1}^{n} l_{j}^{N})^{2} - 2vnl_{n}^{N}(\sum\limits_{j=1}^{n} l_{j}^{N})^{2}}{2n(\sum\limits_{j=1}^{n} l_{j}^{N})^{2}} \\
\qquad = 0
\end{cases}
$$

联立方程组，求解可得多源供应—研发竞争模式下供应商的最优研发努力水平为：

$$
l_{i}^{N*} = \frac{\lambda \gamma [1 + \underline{\beta}(n-1)] + \sqrt{\lambda^{2}\gamma^{2}[1 + \underline{\beta}(n-1)]^{2} + 8\lambda v \Psi (n-1)}}{4vn}
$$

$$(3-13)$$

制造商的最优销售价格为：

$$
p^{N*} = \frac{\gamma [1 + \underline{\beta}(n-1)]\sqrt{\lambda^{2}\gamma^{2}[1 + \underline{\beta}(n-1)]^{2} + 8\lambda v \Psi (n-1)}}{8vn} +
$$

$$
\frac{d + c_{m}}{2} + \frac{\lambda \gamma^{2}[1 + \underline{\beta}(n-1)]^{2}}{8vn}
$$

$$(3-14)$$

供应商最优利润和制造商最优利润分别为：

$$\pi_{si}^{N*} = \frac{\lambda\gamma\left[1+\underline{\beta}\left(n-1\right)\right]\sqrt{\lambda^2\gamma^2\left[1+\underline{\beta}\left(n-1\right)\right]^2+8\lambda v\Psi\left(n-1\right)}}{16vn^2} +$$

$$\frac{4v\lambda\Psi\left(n+1\right)+\lambda^2\gamma^2\left[1+\underline{\beta}\left(n-1\right)\right]^2}{16vn^2}$$

$$(3-15)$$

$$\pi_m^{N*} = \frac{1}{4}\left\{\frac{\gamma\left[1+\underline{\beta}\left(n-1\right)\right]\sqrt{\lambda^2\gamma^2\left[1+\underline{\beta}\left(n-1\right)\right]^2+8\lambda v\Psi\left(n-1\right)}}{4vn} + \frac{\lambda\gamma^2\left[1+\underline{\beta}\left(n-1\right)\right]^2}{4vn}+\Psi\right\}^2$$

$$(3-16)$$

命题 3 - 2：

多源供应—研发竞争模式下，供应商的最优研发努力水平和制造商的最优销售价格分别为 l_i^{N*}，p^{N*}，供应商最优利润和制造商最优利润分别为 π_{si}^{N*}，π_m^{N*}。分别由式（3 - 13）—式（3 - 16）给出。

三　多源供应—研发卡特尔（C）

在多源供应—研发卡特尔模式下，制造商将中间产品分配给 n 个相互合作的供应商，供应商进行卡特尔联盟，却不进行知识共享。在质量竞赛阶段，供应商以供应商整体利润最大化为目标进行研发努力决策并投标，供应商 i 的投标质量只考虑自身的研发努力 l_i^C。制造商根据供应商的投标质量水平向每个供应商分配订单，供应商 i 获得的订单比例为 $a_i^C = \dfrac{l_i^C}{\sum\limits_{j=1}^{n} l_j^C}$。由于供应商之间不存在任何知识共享活动，知识溢出程度为自然溢出程度，即 $\beta = \underline{\beta}$，供应商 i 最终获得的中间产

品质量为 $s_i^C = l_i^C + \underline{\beta} \sum\limits_{j \neq i}^{n} l_j^C$，中间产品的平均质量为 $q^C = \dfrac{\sum\limits_{i=1}^{n} s_i^C}{n} =$

$\dfrac{[1 + \underline{\beta}(n-1)] \sum\limits_{j=1}^{n} l_j^C}{n}$。然后，在最终产品销售阶段，制造商以自身

利润最大化为目标在最终市场进行产品销售。

此时，制造商的利润函数为：

$$\pi_m^C(l_1^C, \cdots, l_n^C, p^C) = (p^C - c_m)(d + \gamma q^C - p^C) \qquad (3-17)$$

供应商的整体利润函数为：

$$\Pi_s^C(l_1^C, \cdots, l_i^C, \cdots, l_n^C, p^C) = \lambda(d + \gamma q^C - p^C) - \frac{v \sum\limits_{i=1}^{n}(l_i^C)^2}{2}$$

$$(3-18)$$

多源供应—研发卡特尔模式的博弈过程为：

$$\max\limits_{l_1^C, \cdots, l_n^C} \Pi_s^C(l_1^C, \cdots, l_n^C, p^C) \xrightarrow[\quad A^C \quad]{\begin{array}{c} a_1^C(l_1^C, \cdots, l_n^C) \\ , \cdots, \\ a_n^C(l_1^C, \cdots, l_n^C) \end{array}} \max\limits_{p^C} \pi_m^C(l_1^C, \cdots, l_n^C, p^C)$$

第二阶段，制造商在最终市场进行产品的销售，求解制造商的利润 π_m^C 关于销售价格 p^C 的最优一阶条件，可得最终产品的最优价格为：

$$p^C = \frac{d + \gamma q^C + c_m}{2} \qquad (3-19)$$

第一阶段，供应商进行质量竞赛，制造商根据供应商的质量水平为供应商分配订单。将式（3-19）代入式（3-18）中，可得：

$$\Pi_s^C(l_1^C, \cdots, l_i^C, \cdots, l_n^C) = \frac{1}{2n}\{\lambda n \Psi + \lambda \gamma [1 + \underline{\beta}(n-1)]\sum_{i=1}^{n} l_i^C\} -$$

$$\frac{1}{2}v\sum_{i=1}^{n}(l_i^C)^2 \qquad (3-20)$$

供应商的整体利润函数 Π_s^C 关于研发努力水平 $l_1^C, \cdots, l_i^C, \cdots, l_n^C$ 的最优一阶条件，得到：

$$\begin{cases} \dfrac{\partial \Pi_s^C}{\partial l_1^C} = \dfrac{\lambda \gamma [1 + \underline{\beta}(n-1)]}{2n} - vl_1^C = 0 \\ \cdots \\ \dfrac{\partial \Pi_s^C}{\partial l_i^C} = \dfrac{\lambda \gamma [1 + \underline{\beta}(n-1)]}{2n} - vl_i^C = 0 \\ \cdots \\ \dfrac{\partial \Pi_s^C}{\partial l_n^C} = \dfrac{\lambda \gamma [1 + \underline{\beta}(n-1)]}{2n} - vl_n^C = 0 \end{cases}$$

联立方程组，求解可得多源供应—研发卡特尔模式下供应商的最优研发努力水平为：

$$l_i^{C*} = \frac{\lambda \gamma [1 + \underline{\beta}(n-1)]}{2vn} \qquad (3-21)$$

制造商的最优销售价格为：

$$p^{C*} = \frac{d+c_m}{2} + \frac{\lambda \gamma^2 [1 + \underline{\beta}(n-1)]^2}{4vn} \qquad (3-22)$$

供应商最优利润和制造商最优利润分别为：

$$\pi_{si}^{C*} = \frac{\lambda \Psi}{2n} + \frac{\lambda^2 \gamma^2 [1 + \underline{\beta}(n-1)]^2}{8vn^2} \qquad (3-23)$$

$$\pi_m^{C*} = \frac{1}{4}\left\{\Psi + \frac{\lambda \gamma^2 [1 + \underline{\beta}(n-1)]^2}{2vn}\right\}^2 \qquad (3-24)$$

命题 3 – 3：

多源供应—研发卡特尔模式下，供应商的最优研发努力水平和制造商的最优销售价格分别为 l_i^{C*}，p^{C*}，供应商最优利润和制造商最优利润分别为 π_{si}^{C*}，π_m^{C*}。分别由式（3 – 21）—式（3 – 24）给出。

四 多源供应—研发合资体（V）

在多源供应—研发合资体模式下，中间产品由 n 个相互合作的供应商共同提供，供应商之间不进行卡特尔联盟，却进行知识共享。在质量竞赛阶段，供应商以自身利润最大化为目标进行研发努力决策并进行质量投标，供应商的投标质量只考虑自身的研发努力。制造商根据供应商的投标质量向每个供应商分配订单，供应商 i 获得的订单比例为 $a_i^V = \dfrac{l_i^V}{\sum\limits_{j=1}^{n} l_j^V}$。由于供应商之间进行知识共享，知识溢出程度为最大溢出程度，即 $\beta = 1$，此时，供应商 i 最终获得的中间产品质量为

$s_i^V = \sum\limits_{j=1}^{n} l_j^V$，中间产品的平均质量为 $q^V = \dfrac{\sum\limits_{i=1}^{n} s_i^V}{n} = \sum\limits_{j=1}^{n} l_j^V$。在最终产品销售阶段，制造商以自身利润最大化为目标进行产品售价决策并销售产品。

此时，制造商的利润函数为：

$$\pi_m^V (l_1^V, \cdots, l_n^V, p^V) = (p^V - c_m)(d + \gamma q^V - p^V) \quad (3 – 25)$$

供应商的利润函数为：

$$\pi_{si}^V (l_1^V, \cdots, l_n^V, p^V) = \lambda a_i^V (d + \gamma q^V - p^V) - \frac{v(l_i^V)^2}{2}$$

$$(3 – 26)$$

多源供应—研发合资体模式的博弈过程为：

$$\max_{l_1^V}\pi_{s1}^V\ (l_1^V,\cdots,l_n^V,\ p^V)\underline{\quad a_1^V\ (l_1^V,\cdots,l_n^V)\quad}$$

$$\max_{l_i^V}\pi_{si}^V\ (l_1^V,\cdots,l_n^V,\ p^V)\underline{\quad a_i^V\ (l_1^V,\cdots,l_n^V)\quad}\to\max_{p^V}\pi_m^V\ (l_1^V,\cdots,l_n^V,\ p^V)\ \Big|_{\beta=1}$$

$$\max_{l_n^V}\pi_{sn}^V\ (l_1^V,\cdots,l_n^V,\ p^V)\underline{\quad a_n^V\ (l_1^V,\cdots,l_n^V)\quad}$$

$$A^V$$

求解可得多源供应—研发合资体模式下供应商的最优研发努力水平为：

$$l_i^{V*}=\frac{\lambda\gamma n+\sqrt{\lambda^2\gamma^2n^2+8\lambda v\Psi\ (n-1)}}{4vn}\qquad(3-27)$$

制造商的最优销售价格为：

$$p^{V*}=\frac{\gamma\ \sqrt{\lambda^2\gamma^2n^2+8\lambda v\Psi\ (n-1)}}{8v}+\frac{d+c_m}{2}+\frac{\lambda\gamma^2n}{8v}\quad(3-28)$$

供应商最优利润和制造商最优利润分别为：

$$\pi_{si}^{V*}=\frac{\lambda\gamma\ \sqrt{\lambda^2\gamma^2n^2+8\lambda v\Psi\ (n-1)}}{16vn}+\frac{4v\lambda\Psi\ (n+1)\ +\lambda^2\gamma^2n^2}{16vn^2}$$

$$(3-29)$$

$$\pi_m^{V*}=\frac{1}{4}\left[\frac{\gamma\ \sqrt{\lambda^2\gamma^2n^2+8\lambda v\Psi\ (n-1)}}{4v}+\frac{\lambda\gamma^2n}{4v}+\Psi\right]^2\ (3-30)$$

命题 3 - 4：

多源供应—研发合资体模式下，供应商的最优研发努力水平和制造商的最优销售价格分别为 l_i^{V*}，p^{V*}，供应商最优利润和制造商最优利润分别为 π_{si}^{V*}，π_m^{V*}。分别由式（3 - 27）—式（3 - 30）给出。

五　多源供应—研发合资卡特尔（CV）

在多源供应—研发合资卡特尔模式下，中间产品由 n 个相互合作的供应商共同提供，供应商之间既进行卡特尔联盟，又进行知识共享。在质量竞赛阶段，供应商以供应商整体利润最大化为目标进行研发努力决策并投标。制造商根据供应商的投标质量水平向每个供应商分配订单，供应商 i 获得的订单比例为 $a_i^{CV} = \dfrac{l_i^{CV}}{\sum\limits_{j=1}^{n} l_j^{CV}}$。由于供应商之间进行知识共享，知识溢出程度为最大溢出程度，即 $\beta = 1$，此时，供应商 i 最终获得的中间产品质量为 $s_i^{CV} = \sum\limits_{j=1}^{n} l_j^{CV}$，中间产品的平均质量为

$$q^{CV} = \frac{\sum\limits_{i=1}^{n} s_i^{CV}}{n} = \sum\limits_{j=1}^{n} l_j^{CV}$$。接下来，在最终产品销售阶段，制造商以自身利润最大化为目标在最终市场进行产品销售。

此时，制造商的利润函数为：

$$\pi_m^{CV}(l_1^{CV}, \cdots, l_n^{CV}, p^{CV}) = (p^{CV} - c_m)(d + \gamma q^{CV} - p^{CV})$$

$$(3-31)$$

供应商整体的利润函数为：

$$\Pi_s^{CV}(l_1^{CV}, \cdots, l_n^{CV}, p^{CV}) = \lambda(d + \gamma q^{CV} - p^{CV}) - \frac{v \sum\limits_{i=1}^{n} (l_i^{CV})^2}{2}$$

$$(3-32)$$

多源供应—研发合资卡特尔模式的博弈过程为：

$$\max_{l_1^{CV}, \cdots, l_n^{CV}} \Pi_s^{CV}(l_1^{CV}, \cdots, l_n^{CV}, p^{CV}) \xrightarrow[\substack{a_1^{CV}(l_1^{CV}, \cdots, l_n^{CV}) \\ , \cdots, \\ a_n^{CV}(l_1^{CV}, \cdots, l_n^{CV}) \\ \overline{\hspace{2cm}} \\ A^{CV}}]{} \max_{p^{CV}} \pi_m^{V}(l_1^{CV}, \cdots, l_n^{CV}, p^{CV}) \Big|_{\beta=1}$$

求解可得供应商的最优研发努力水平为：

$$l_i^{CV*} = \frac{\lambda\gamma}{2v} \tag{3-33}$$

制造商的最优销售价格为：

$$p^{CV*} = \frac{d+c_m}{2} + \frac{\lambda\gamma^2 n}{4v} \tag{3-34}$$

供应商最优利润和制造商最优利润分别为：

$$\pi_{si}^{CV*} = \frac{\lambda\Psi}{2n} + \frac{\lambda^2\gamma^2}{8v} \tag{3-35}$$

$$\pi_m^{CV*} = \frac{1}{4}\ (\Psi + \frac{\lambda\gamma^2 n}{2v})^2 \tag{3-36}$$

命题 3-5：

多源供应—研发合资卡特尔模式下，供应商的最优研发努力水平和制造商的最优销售价格分别为 l_i^{CV*}，p^{CV*}，供应商最优利润和制造商最优利润分别为 π_{si}^{CV*}，π_m^{CV*}。分别由式（3-33）—式（3-36）给出。

第四节　模型分析

在单源供应中，最终只有一个供应商被选中为制造商提供中间产品，也只有被选中供应商进行研发活动，因此在单源供应中企业间不存在合作研发。在多源供应中，供应商之间可以通过知识共享活动提高知识的溢出程度，也可以通过结盟的方式协调彼此的决策，此时可将研发模式具体区分为四种类型：研发竞争模式（N）、研发卡特尔模式（C）、研发合资体模式（V）和研发合资卡特尔模式（CV）。在研发竞争模式和研发卡特尔模式中，知识溢出水平为自然状态下的溢出水平，即 $\beta=\underline{\beta}$；在研发合资体模式和研发合资卡特尔模式中，知识溢出水平为共享状态下的知识溢出水平，即 $\beta=1$。表 3-1 列出了不同研发模式下，企业的最优决策和最优利润。

表 3 - 1　　　　　　　　　　不同研发模式下企业的最优决策和最优利润

	单源供应—研发竞争（S）	多源供应—研发竞争（N）	多源供应—研发合资体（V）	多源供应—研发卡特尔（C）	多源供应—研发合资卡特尔（CV）
研发努力	l_i^{S*}	l_i^{N*}	l_i^{V*}	l_i^{C*}	l_i^{CV*}
销售价格	p^{S*}	p^{N*}	p^{V*}	p^{C*}	p^{CV*}
中间产品的平均质量	q^{S*}	q^{N*}	q^{V*}	q^{C*}	q^{CV*}
供应商利润	π_{si}^{S*}	π_{si}^{N*}	π_{si}^{V*}	π_{si}^{C*}	π_{si}^{CV*}
制造商利润	π_m^{S*}	π_m^{N*}	π_m^{V*}	π_m^{C*}	π_m^{CV*}
供应商总利润	Π_s^{S*}	Π_s^{N*}	Π_s^{V*}	Π_s^{C*}	Π_s^{CV*}
系统总利润	Π_t^{S*}	Π_t^{N*}	Π_t^{V*}	Π_t^{C*}	Π_t^{CV*}

一　多源供应中不同研发模式的比较分析

本部分讨论多源供应下供应商进行横向合作研发的合作路径。首先，我们将从供应商角度、制造商角度及供应链角度分析供应商与供应商之间是否进行知识共享，是否进行卡特尔联盟。然后，我们从供应链视角，讨论最优合作研发模式成立时，制造商与供应商的行动路径。

企业之间可以存在自愿的知识溢出，也可以存在非自愿的知识溢出。当企业能够自愿进行部分知识溢出时，合作研发伙伴之间的知识溢出就会得到提高。知识溢出作为一种合作方式，可以通过知识共享、交流学习、研讨会等方式实现。在单制造商多供应商的供应链中，供应商与供应商之间的知识溢出除了会受到供应商本身的影响，还会受到制造商的影响，制造商可以通过供应商标杆学习、成立产品研发小组等方式促进供应商与供应商之间的知识共享（Peng and Boume，2009）。那么是否制造商和供应商都愿意进行知识共享，提高供应商之间的知识溢出程度呢？结论 3 - 1 给出了知识共享对企业决策的影响。

结论 3 – 1：

研发竞争和研发卡特尔模式中，供应商的研发努力水平和制造商的销售价格都随着知识共享水平的提升而提高，且 $l_i^{V*} > l_i^{N*}$，$p^{V*} > p^{N*}$，$l_i^{CV*} > l_i^{C*}$，$p^{CV*} > p^{C*}$。

不论是研发竞争模式还是研发卡特尔模式，如果提高供应商与供应商之间的知识共享水平，供应商的研发努力水平和制造商的销售价格都将会得到提高。因此，研发合资体模式的供应商研发努力高于研发竞争模式，研发合资卡特尔模式的供应商研发努力高于研发卡特尔模式。

接下来我们讨论，在研发竞争模式和研发卡特尔模式中，知识共享对供应商的利润、制造商的利润和系统总利润的影响。

结论 3 – 2：

研发竞争和研发卡特尔模式中，供应商的利润、制造商的利润及系统总利润都随着知识共享水平的提高而提高，且 $\pi_{si}^{V*} > \pi_{si}^{N*}$，$\pi_{si}^{CV*} > \pi_{si}^{C*}$，$\pi_m^{V*} > \pi_m^{N*}$，$\pi_m^{CV*} > \pi_m^{C*}$，$\Pi_t^{V*} > \Pi_t^{N*}$，$\Pi_t^{CV*} > \Pi_t^{C*}$。

结论 3 – 2 说明，在研发竞争模式和研发卡特尔模式中，供应商之间的知识共享会促进供应商和制造商的利润，因此，研发合资体模式的供应商利润、制造商利润和系统总利润高于研发竞争模式，研发合资卡特尔模式的供应商利润、制造商利润和系统总利润高于研发卡特尔模式。

企业之间的结盟行为也是企业进行合作的一种方式，结成联盟的企业会协调彼此的决策而使得联盟整体的利润和竞争力得到提高与发展。结论 3 – 3 给出了供应商之间的卡特尔联盟行为对企业决策的影响。

结论 3 – 3：

（1）对比研发竞争模式和研发卡特尔模式中企业的决策，可得

$l_i^{N*} > l_i^{C*}$，$p^{N*} > p^{C*}$。

（2）对比研发合资体模式和研发合资卡特尔模式中企业的决策，可得 $l_i^{V*} > l_i^{CV*}$，$p^{V*} > p^{CV*}$。

由此我们知道，供应商之间的卡特尔联盟行为会降低供应商的研发努力水平，进一步会导致制造商的销售价格也存在一定程度的降低。

供应商与供应商之间的卡特尔联盟行为是否能够提高供应商和制造商的利润，这对管理者制定相应的合作策略十分关键，结论 3－4 将讨论供应商与供应商之间的卡特尔联盟是否能够为供应商和制造商带来更多利润，并分析研发卡特尔模式是否优于研发竞争模式，研发合资卡特尔模式是否优于研发合资体模式。

结论 3－4：

（1）对比研发竞争模式和研发卡特尔模式中企业的利润，可得 $\pi_{si}^{N*} < \pi_{si}^{C*}$，$\pi_m^{N*} > \pi_m^{C*}$。

（2）对比研发合资体模式和研发合资卡特尔模式中企业的利润，可得 $\pi_{si}^{V*} < \pi_{si}^{CV*}$，$\pi_m^{V*} > \pi_m^{CV*}$。

结论 3－4 说明，对于供应商来讲，与其他供应商进行卡特尔联盟能够提高供应商的利润，因此，研发卡特尔模式优于研发竞争模式，研发合资卡特尔模式优于研发合资体模式；对于制造商来讲，供应商之间的卡特尔结盟行为会降低制造商的利润，因此制造商更倾向于研发竞争模式或者研发合资体模式。

结合结论 3－2 和结论 3－4 可知，对于供应商来讲研发合资卡特尔模式最优；对于制造商来讲研发合资体模式最优。这种现象在现实中也是存在的，如在 Wu 和 Choi 的案例研究中，Hands-Off 公司迫于下游客户的压力而要求上游供应商缩减成本并提高产品质量，Hands-Off 公司希望的结果是上游供应商之间在进行价格竞争的同时进行知识共享，然而实际结果是上游供应商之间组成了一个类似"制造网络"的联盟，以此共同对抗 Hands-Off 公司。因此，供应商与制造商之间就供应商的卡特尔结盟行为可能会产生冲突，在研发模式选择中企业之间会形成如图 3 – 2 所示的竞合关系。

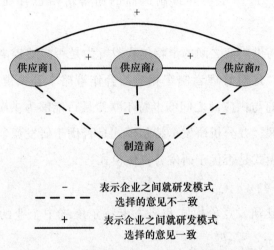

图 3 – 2　研发模式选择中企业间的竞合关系

从图 3 – 2 中可以看出，企业之间就研发模式的选择会存在不一致。供应商之间会达成一致选择研发合资卡特尔模式，制造商则倾向于研发合资体模式，制造商与供应商之间在研发模式的选择中会存在冲突。若供应商的数量只有两个，供应商之间达成一致，而制造商与两个供应商均未达成一致，则这种类型的供应链竞合网络在 Choi 和 Wu（2009a）的文章中被称为均衡网络，此时供应商之间可能成立正式战略联盟进行合作，在协调彼此决策的同时进行知识共享。

下面，我们讨论最优合作研发模式下企业之间的合作路径。

若研发合资体模式下的供应链总利润大于研发合资卡特尔模式，即 $\Pi_t^{V*} > \Pi_t^{CV*}$。从供应链的角度来讲，选择研发合资体模式最优。然而，由结论 3 – 4 可知，对于制造商来讲研发合资体模式优于研发合资卡特尔模式，而对于供应商来讲研发合资卡特尔模式优于研发合资体模式。此时，若以供应链整体的角度出发选择研发合资体模式，那么供应商为了提升自身利润仍然可能与其他供应商进行结盟而采取研发合资卡特尔模式。为了避免供应商与其他供应商进行结盟，作为供应链主导者的制造商可以制定惩罚机制对进行卡特尔结盟的供应商进行罚款，或制定转移支付策略对独立决策的供应商进行研发补贴。因此，在质量竞赛阶段，制造商需要制定一定的惩罚或激励措施，避免供应商与其他供应商进行卡特尔结盟；在研发阶段，制造商需要鼓励供应商之间的知识共享，并为之提供便利。研发合资体模式下的企业合作路径如图 3-3 所示。

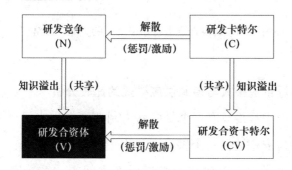

图 3-3 研发合资体模式下的企业合作路径

若研发合资体模式下的系统总利润小于研发合资卡特尔模式，即 $\Pi_t^{V*} < \Pi_t^{CV*}$。从供应链的角度来讲，选择研发合资卡特尔模式最优。然而，由结论 3-4 可知，此时，若从供应链整体的角度出发选择研发合资卡特尔模式，那么制造商从自身利润的角度仍然可能阻止供应商与供应商之间的卡特尔结盟。为了提升供应链整体的竞争力，制造商作为供应链的主导者，需要在鼓励供应商与供应商之间进行联合决策的基础上，与供应商进行协商确定供应链协调策略，如批发价格折扣策略。因此，在质量竞赛阶段，制造商可以强调供应链整体的重要

性，鼓励供应商之间进行研发卡特尔结盟，并与供应商之间协商确定供应链协调策略；在研发阶段，制造商需要为供应商之间的知识共享提供方便，组织供应商开展标杆学习、研讨交流等活动。研发合资卡特尔模式下企业间的合作路径如图 3 - 4 所示。

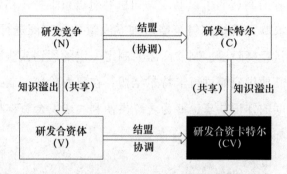

图 3 - 4　研发合资卡特尔模式下的企业合作路径

二　单源供应模式与多源供应模式的比较分析

单源供应中最终只有一个供应商为制造商提供中间产品，制造商将从 n 个供应商中选择一个供应商，为了被制造商选中，供应商之间将展开质量竞争，此时供应商与供应商之间的关系是完全的竞争关系。多源供应中，所有的供应商都将为制造商提供中间产品，制造商将为 n 个供应商分配订单，为了获得较多订单，供应商之间呈现既竞争又合作的关系。

本部分我们将讨论制造商的供源选择问题。由前面的分析可知，多源供应中的研发合资体模式和研发合资卡特尔模式均可能成为最佳研发模式，因此本部分只选择多源供应中这两种模式与单源供应模式进行对比分析。首先，对比分析单源供应和多源供应中企业的决策，然后从供应商角度、制造商角度对比分析单源供应和多源供应中企业的利润。在本部分的分析中，我们假定 $n = 2$。

结论 3 - 5：

单源供应模式下供应商的研发努力水平大于多源供应模式，即 $l_i^{S*} > l_i^{V*}$，$l_i^{S*} > l_i^{CV*}$。

可见，单源供应模式下，供应商为了获得唯一供应资格，需要比多源供应模式付出更多的研发努力。

结论 3 - 6：

（1）单源供应模式下的供应商利润高于多源供应—研发合资体模式，即 $\pi_{si}^{S*} > \pi_{si}^{V*}$。

（2）单源供应模式下供应商利润低于多源供应—研发合资卡特尔模式，即 $\pi_{si}^{S*} < \pi_{si}^{CV*}$。

我们知道，知识溢出能够使得企业免费获取外部知识，多源供应模式中供应商之间的知识溢出会提高供应商的获利水平。结论 3 - 6 说明，作为供应商首选的研发模式，多源供应—研发合资卡特尔模式的供应商利润高于单源供应模式。值得一提的是，多源供应—研发合资体模式下的供应商利润低于单源供应模式。

下面，我们比较分析单源供应模式和多源供应模式下制造商的利润。

结论 3 - 7：

（1）研发合资体模式下的制造商利润大于单源供应模式，即 $\pi_m^{S*} < \pi_m^{V*}$。

（2）当 $2\lambda\gamma^2 \geqslant v\Psi$ 时，单源供应模式下制造商的利润小于多源供应—研发合资卡特尔模式；当 $2\lambda\gamma^2 < v\Psi$ 时，单源供应模式下制造商的利润大于多源供应—研发合资卡特尔模式。

结合结论 3 - 7 可知，制造商的最佳研发模式——多源供应—研发合资体模式下制造商的利润大于单源供应模式，而多源供应—研发合资卡特尔模式下制造商的利润不一定会大于单源供应模式。

与 Benjaafar 等（2007）得出的单源供应模式下供应商的利润与产品质量均不低于多源供应模式所不同的是，由于本书考虑到多源供应中供应商之间可能存在合作研发，因此多源供应模式得益于企业之间的竞合而可能优于单源供应模式。

结合结论 3 - 6 和结论 3 - 7，我们得到供源选择过程中企业间的竞合关系如图 3 - 5 所示。

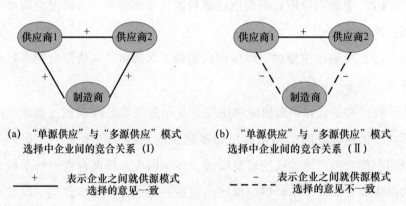

(a) "单源供应"与"多源供应"模式　　　(b) "单源供应"与"多源供应"模式
　　选择中企业间的竞合关系（I）　　　　　　选择中企业间的竞合关系（Ⅱ）

　——　表示企业之间就供源模式　　　　- - - -　表示企业之间就供源模式
　　　　选择的意见一致　　　　　　　　　　　　　选择的意见不一致

图 3 - 5　供源选择中企业间的竞合关系

供应商和制造商之间在"单源供应"和"多源供应—研发合资体"模式的选择中存在不一致，供应商会倾向于单源供应，而制造商则会出于自身利润考虑选择多源供应—研发合资体，企业之间会形成如图 3 - 5（b）所示竞合关系。对于"单源供应"和"多源供应—研发合资卡特尔"模式的选择，结合结论 3 - 6 和结论 3 - 7 可知，当 $2\lambda\gamma^2 \geq v\Psi$ 时，供应商和制造商达成一致选择多源供应—研发合资卡特尔模式，企业之间就供源选择形成的竞合关系如图 3 - 5（a）所示；当 $2\lambda\gamma^2 < v\Psi$ 时，供应商和制造商就供源模式选择的意见存在不一致，供应商会倾向于多源供应—研发合资卡特尔模式，而制造商则会选择单源供应模式，企业之间会形成如图 3 - 5（b）所示的竞合关系。

三 参赛供应商数量对企业决策和利润的影响

本章引入质量竞赛以描述供应商之间的横向竞争。在质量竞赛中，制造商可以制定竞赛奖励方式，设定参与竞赛的供应商数量，安排竞赛形式与竞赛成绩处理方法，并明确供应商努力与竞赛成功之间的关系。在本章中，制造商共邀请 n 个供应商参与质量竞赛，假定供应商的竞赛努力即为供应商的研发努力，供应商的竞赛成绩即为供应商自身的质量；采用线性同质的 Tullock 竞赛成功函数定义供应商竞赛成绩与竞赛成功之间的关系，在单源供应中竞赛成功函数即为供应商获得全部订单的概率，在多源供应中竞赛成功函数即为供应商获得的订单比例。供应商的竞赛奖励是获得的订单（从模型的基本假设中，可知竞赛奖励随着竞赛努力的增加而增加），若制造商采用单源供应的方式则只有一个供应商将获得全部订单，若制造商采用多源供应的方式则参与竞赛的供应商都会获得一部分订单。

在竞赛设计中，竞赛者的数量是一个十分关键的问题，决定着竞赛的激烈程度。本部分将讨论参与质量竞赛的供应商数量对企业决策和企业利润的影响。由前面的分析可知，在多源供应中，研发合资体模式或研发合资卡特尔模式均可能成为最佳研发模式，且单源供应和多源供应各有优劣。因此，本部分主要针对单源供应、多源供应—研发合资体和多源供应—研发合资卡特尔三种研发模式，首先分析参赛供应商数量对企业决策的影响，然后从供应商视角、制造商视角讨论参赛供应商数量对企业利润的影响，最后探讨参赛供应商数量对供应商整体利润的影响。

结论 3-8：

（1）在单源供应模式中，供应商的研发努力水平随着参赛供应商数量的增加而提高，即 $\frac{\partial\, l_i^{S*}}{\partial\, n} > 0$。

（2）在多源供应—研发合资体、多源供应—研发合资卡特尔模式中，供应商的研发努力水平随着参赛供应商数量的增加而降低，即 $\dfrac{\partial\, l_i^{V*}}{\partial\, n} < 0$，

$\dfrac{\partial\, l_i^{CV*}}{\partial\, n} < 0$。

结论 3 - 8 说明，若制造商只选择一个供应商为其生产产品，则供应商之间的质量竞赛会激发供应商努力提高自身产品质量，参与质量竞赛的供应商越多，供应商的研发努力水平越高；若制造商选择所有参与质量竞赛的供应商为其提供中间产品，则供应商之间的质量竞赛会削弱供应商努力提高自身产品质量的意愿，参与质量竞赛的供应商越多，则供应商的研发努力水平越低。

接下来，讨论参赛供应商数量对供应商利润的影响。

结论 3 - 9：

无论在单源供应模式中，还是多源供应模式（包括研发合资体模式和研发合资卡特尔模式）中，供应商的利润水平都随着参赛供应商数量的增加而降低，即 $\dfrac{\partial\, \pi_{si}^{S*}}{\partial\, n} < 0$，$\dfrac{\partial\, \pi_{si}^{V*}}{\partial\, n} < 0$，$\dfrac{\partial\, \pi_{si}^{CV*}}{\partial\, n} < 0$。

我们知道，参与竞赛的供应商数量越多，意味着供应商之间的竞争越激烈。结论 3 - 9 说明，无论哪种供源模式，无论供应商之间研发竞争还是研发合作，供应商数量的增加都会降低供应商获得的利润。

然而，参与竞赛的供应商数量由竞赛规则的设计者——制造商确定。那么，参赛供应商数量对制造商的影响又如何呢？

结论 3 - 10：

在单源供应模式、研发合资体模式和研发合资卡特尔模式下，制造商的利润随着参赛供应商数量的增加而提高，即 $\dfrac{\partial\, \pi_m^{S*}}{\partial\, n} > 0$，$\dfrac{\partial\, \pi_m^{V*}}{\partial\, n} > 0$，

$$\frac{\partial \pi_m^{CV*}}{\partial n} > 0 。$$

根据结论 3 – 10，如果制造商采用单源供应模式，则供应商之间的激烈竞争会提高制造商的获利水平；如果制造商采用多源供应模式，则研发合资体模式和研发合资卡特尔模式下制造商的利润会由于供应商之间的竞合关系的加强而得以提高。由结论 3 – 9 和结论 3 – 10 可知，制造商和供应商对参赛供应商数量的意见存在不一致。在参赛供应商数量的设定过程中企业间会形成如图 3 – 6 所示的竞合关系。因此，在质量竞赛设计时，制造商需要综合考虑参与竞赛的供应商数量为制造商和供应商带来的影响，才能通过供应商之间的质量竞赛达到提高中间产品质量和制造商利润的目的。

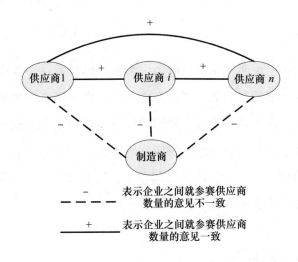

图 3 – 6 参赛供应商数量设定中企业间的竞合关系

从图 3 – 6 中可以看出，在单源供应、多源供应—研发合资体模式和多源供应—研发合资卡特尔模式中，供应商和制造商就参赛供应商数量存在不一致意见。供应商希望减少参赛供应商数量，降低供应商之间的竞争程度，制造商则更有可能会增加参赛供应商数量，通过强化供应商之间的竞争达到提高中间产品质量的目的。

那么，对于上游产业来讲，供应商整体的利润随着参赛供应商的数量会如何变化呢？对于供应链整体来讲，供应链整体利润随参赛供应商的数量又如何变化？下面我们分析供应商总利润和供应链总利润随参赛供应商数量的变化。

结论 3 - 11：

(1) 在单源供应中，供应商的整体利润随参赛供应商数量的增加而降低，即 $\dfrac{\partial \Pi_s^{S*}}{\partial n} < 0$。

(2) 在多源供应—研发合资卡特尔模式下，供应商的整体利润和供应链的整体利润随参赛供应商数量的增加而提高，即 $\dfrac{\partial \Pi_s^{CV*}}{\partial n} > 0$，$\dfrac{\partial \Pi_t^{CV*}}{\partial n} > 0$。

结论 3 - 11 说明，单源供应中，由于最终只有一个供应商进行研发，供应商不能通过与其他供应商之间的合作而降低研发成本、提高研发效率，因此参赛供应商数量的增加会加剧供应商之间的竞争，不利于上游产业的发展。而多源供应—研发合资卡特尔模式下，参赛供应商数量的增加在加剧供应商之间竞争的同时会为供应商提供合作的机会，因此对于上游产业和供应链整体都是有益的。

四　数值模拟分析

本部分将采用数值模拟的方法从供应链整体的角度讨论供应商—供应商间横向合作研发的路径选择及供源选择。令 $d = 10$，$n = 2$，$v = 50$，$c_s = 1$，$c_0 = 0$，企业利润的数值模拟结果如表 3 - 2 所示。

表 3 - 2 企业利润的数值模拟结果

γ	w	系统利润			供应商利润			制造商利润		
		S	V	CV	S	V	CV	S	V	CV
0.4	1	20.25	20.25	20.25	0.00	0.00	0.00	20.25	20.25	20.25
	2	19.57	19.49	20.01	1.64	1.51	2.00	16.29	16.46	16.01
	3	18.41	18.12	19.28	2.91	2.66	3.50	12.59	12.79	12.27
	4	16.91	16.41	18.04	3.79	3.44	4.50	9.33	9.53	9.03
	5	15.07	14.41	16.29	4.26	3.84	5.01	6.55	6.72	6.28
	6	12.89	12.12	14.05	4.33	3.87	5.01	4.24	4.38	4.03
	7	10.37	9.55	11.31	3.97	3.51	4.51	2.42	2.53	2.28
	8	7.47	6.70	8.06	3.19	2.77	3.52	1.10	1.17	1.02
	9	4.16	3.57	4.31	1.94	1.63	2.03	0.29	0.32	0.26
	10	0.03	0.07	0.07	0.02	0.03	0.03	0.00	0.00	0.00
4	1	20.25	20.25	20.25	0.00	0.00	0.00	20.25	20.25	20.25
	2	22.80	24.96	21.39	1.68	1.66	2.04	19.44	21.63	17.31
	3	22.70	25.76	21.91	3.03	3.09	3.66	16.64	19.58	14.59
	4	21.73	25.42	21.83	4.02	4.22	4.86	13.69	16.99	12.11
	5	20.08	24.25	21.14	4.63	5.02	5.64	10.82	14.21	9.86
	6	17.86	22.37	19.84	4.85	5.47	6.00	8.15	11.42	7.84
	7	15.10	19.85	17.93	4.68	5.56	5.94	5.75	8.73	6.05
	8	11.84	16.70	15.41	4.08	5.24	5.46	3.67	6.22	4.49
	9	8.09	12.95	12.29	3.05	4.49	4.56	1.98	3.98	3.17
	10	3.86	8.55	8.55	1.56	3.24	3.24	0.75	2.07	2.07
40	1	20.25	20.25	20.25	0.00	0.00	0.00	20.25	20.25	20.25
	2	226.16	487.05	412.00	3.76	5.95	6.00	218.65	475.15	400.00
	3	588.44	1420.04	1299.25	10.92	19.46	19.50	566.60	1381.13	1260.25
	4	1116.63	2832.55	2682.00	21.46	40.47	40.50	1073.71	2751.62	2601.00
	5	1810.97	4724.83	4560.25	35.37	68.98	69.00	1740.22	4586.88	4422.25
	6	2671.51	7096.94	6934.00	52.66	104.98	105.00	2566.20	6886.98	6724.00
	7	3698.28	9948.91	9803.25	73.31	148.49	148.50	3551.65	9651.93	9506.25
	8	4891.28	13280.74	13168.00	97.34	199.50	199.50	4696.59	12881.75	12769.00
	9	6250.52	17092.44	17028.25	124.75	258.00	258.00	6001.03	16576.44	16512.25
	10	7776.00	21384.00	21384.00	155.52	324.00	324.00	7464.96	20736.00	20736.00

从表 3 - 2 中可以看出，对于供应商来讲，研发合资卡特尔模式

（CV）下的供应商利润总是高于研发合资体模式（V）和单源供应模式（S）下的；对于制造商来讲，研发合资体模式（V）下的制造商利润总是高于研发合资卡特尔模式（CV）和单源供应模式（S）下的。对于供应链整体来讲，单源供应模式、研发合资体模式和研发合资卡特尔模式下的系统总利润孰高孰低，需要根据其他参数的大小来做出判断。从图3-7（a）中可以看出，若产品质量对产品的需求量影响较小时，研发合资卡特尔模式下的系统总利润大于研发合资体模式和单源供应模式（即 $\Pi_t^{CV*} \geqslant \Pi_t^{V*}$，$\Pi_t^{CV*} \geqslant \Pi_t^{S*}$）下的，从供应链的角度来讲，选择研发合资卡特尔模式最优。从图3-7（b）中可以看出，若产品质量对产品的需求量影响较大时，研发合资体模式下的系统总利润大于研发合资卡特尔模式（即 $\Pi_t^{CV*} \leqslant \Pi_t^{V*}$，$\Pi_t^{S*} \leqslant \Pi_t^{V*}$）下的，从供应链的角度来讲，选择研发合资体模式最优。

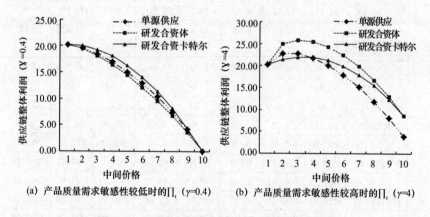

(a) 产品质量需求敏感性较低时的 Π_t（γ=0.4）　(b) 产品质量需求敏感性较高时的 Π_t（γ=4）

图3-7 不同研发模式下的供应链整体利润

图3-7显示，多源供应中最佳研发模式下的供应链整体利润总是高于单源供应模式。然而，制造商和供应商并不一定都会以供应链整体利润最大化为目标选择最佳的供应模式和研发模式。结合表3-2的数值模拟结果可知，当制造商作为供应链主导者且具有供应链合作

精神时，若供应商具有供应链合作精神，能选择使供应链整体利润最大的合作研发模式，则制造商从供应链整体出发在供源选择时应选择多源供应，此时整个供应链将形成良好的竞合环境，有利于供应链整体竞争力的进一步提升；若供应商不具有供应链合作精神，只会选择使自身利润最大化的研发合资卡特尔模式，则制造商从供应链整体出发在供源选择时也很可能选择单源供应。当制造商不具有供应链合作精神时，若供应商具有供应链合作精神，能选择使供应链整体利润最大的合作研发模式，则制造商从自身利润出发在供源选择时也可能选择单源供应；若供应商不具有供应链合作精神，只会选择使自身利润最大化的研发合资卡特尔模式，则制造商从自身利润出发在供源选择时也很可能选择单源供应。因此，只有当制造商和供应商都具有供应链合作精神时，多源供应才能通过企业之间的竞合提高供应链整体竞争力，否则多源供应的优势将消失殆尽。

下面，令 $d=10$，$n=2$，$v=50$，$c_s=1$，$c_0=0$，$\gamma=4$，$w=7$，则供应商利润、制造商利润、供应商整体利润，供应链整体利润随参赛供应商数量的变化趋势如图 3-8 所示。

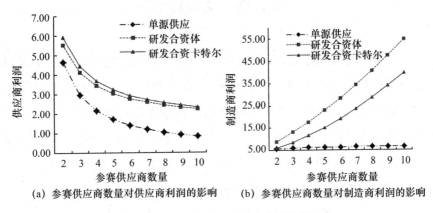

(a) 参赛供应商数量对供应商利润的影响　　(b) 参赛供应商数量对制造商利润的影响

图 3-8　参赛供应商数量对企业利润的影响

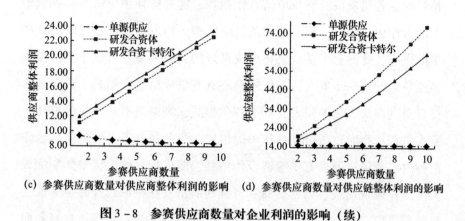

(c) 参赛供应商数量对供应商整体利润的影响　　(d) 参赛供应商数量对供应链整体利润的影响

图 3-8　参赛供应商数量对企业利润的影响（续）

图 3-8（a）说明，单个供应商的利润随着参赛供应商数量的增多而降低。图 3-8（b）说明，制造商的利润随着参赛供应商数量的增多而提高。图 3-8（c）、图 3-8（d）说明，在多源供应模式中（包括研发合资体与研发合资卡特尔），供应商整体利润和供应链整体利润随着参赛供应商数量的增多而提高；在单源供应模式中，供应商整体利润和供应链整体利润随着参赛供应商数量的增多而降低。

第五节　本章小结

本章考虑到制造商在供应商与供应商之间的横向合作研发中起到的重要作用，引入竞赛理论作为供应商与供应商之间的质量竞争形式，研究供应商与供应商之间的横向合作研发策略和质量竞争对制造商、供应商及供应链整体的影响，分析了多源供应下的横向合作研发模式选择，讨论了参赛供应商数量对制造商、供应商及供应链的影响，探讨了企业如何在单源供应和多源供应中进行选择，并给出了研发模式选择、参赛供应商数量设定和供源选择中企业之间形成的竞合关系。本章的研究结论如下：

　　首先，在多源供应下，对于供应商而言，研发合资卡特尔模式下供应商利润最高，而对于制造商而言，研发合资体模式下的利润最高。其次，在单源供应模式、多源供应—研发合资体模式和多源供应—研发合资卡特尔模式下，增加参赛供应商的数量会降低单个供应商的利润，而增加参赛供应商数量却能提高制造商利润。再次，单源供应中供应商的研发努力水平总是高于多源供应；多源供应—研发合资卡特尔模式的供应商利润高于单源供应模式；多源供应—研发合资体模式下制造商利润大于单源供应模式。最后，我们发现在研发模式选择和参赛供应商数量设定中制造商和供应商之间会存在利益冲突。

第四章 基于知识产权的供应商—供应商合作研发策略

第一节 引言

随着科学技术的不断发展，企业之间的竞争更多地体现为技术的竞争，先进的技术成为企业获取竞争优势的关键。研发具有的不确定性和溢出效应，弱化了企业进行研发活动的动力，使得企业研发投入不足。在缺乏知识产权制度的情况下，研发活动的溢出效应使创新者不能得到应有的收益补偿，从而抑制企业的创新行为（Miyagiwa and Ohno，2002；Branstetter et al.，2006；Ghosh and Ghosh，2014；Mukherjee，2006）。知识产权授予创新者在一定时期内独占技术创新带来市场收益的权利，解决了具有公共属性的技术创新成果的"溢出效应"导致的"搭便车"问题。知识产权是用市场垄断权来鼓励创新的一种制度安排，企业能够通过技术许可获得收入，还能利用自己拥有的技术在与其他企业的谈判中占得先机，因此知识产权保护能够激励企业提升研发投入（Arora et al.，2008；Fershtman and Markovich，2010；Che and Yang，2012；Sweet and Maggio，2015）。

在现实中，由于知识产权保护的存在，知识并不能在企业之间实现自由流动。一个企业如果想要使用另一个企业的知识资源，常常需要支付高额的技术许可费用。具体到实际的合作研发中，企业的相关决策必然会受到知识产权保护的影响。目前，学者们关于企业间横向合作研发的研究，大多数文献都假定知识在企业之间能够自由流动，但是对知识产权保护下的横向合作研发进行分析的文献尚不多见。例如，Pastor 和 Sandonis（2002）分析了研发联合体和交叉许可协议中企业对其实验室的研发努力提供的激励，发现适当的专利付费方案可以提高实验室的最优研发努力水平；Che 和 Yang（2012）研究了知识产权保护下的合作研发策略、技术模仿策略和技术许可策略，发现合作研发过程中，知识产权保护能促进研发投入。但是，他们的研究考虑的是同一产业内企业间的横向合作研发，并没有针对多主体竞合供应链这一特殊背景。与此同时，在多主体竞合供应链中，特别是在单制造商双供应商供应链中，两个供应商往往具有不对等的能力，常常由一家主要的大供应商与一家次要的小供应商组成。小供应商缺乏足够的能力进行研发活动，而大供应商则有能力承担更多的研发工作，如小米手机的 CPU 提供商包括高通和联发科，高通作为大供应商为大多数型号的小米手机提供 CPU，而联发科作为小供应商则只为一些低端型号的小米手机提供 CPU。纵观移动芯片市场，高通、联发科均为手机 CPU 提供商，高通由于具备技术优势不仅占领了绝大多数的高端手机市场，还能获得联发科、英伟达等后起之秀支付的高额专利许可费。因此，知识产权保护能为领先供应商带来竞争优势，在供应商—供应商合作研发过程中发挥着关键的作用。

在本书中，根据研发的创新程度，将研发分为激烈型研发和非激烈型研发。激烈型研发能大幅度地提高产品质量，低质量产品被市场淘汰，市场上只存在高质量产品；而非激烈型研发情况下，市场上同

时存在高质量产品和低质量产品①。另一方面，供应商的研发能力具
有大小差异，领先供应商可以独立进行研发活动，落后供应商由于研
发能力较弱而不能独立进行研发活动。此时，领先供应商可以实施研
发领先的战略，也可以选择与落后供应商进行合作。若企业之间未达
成合作时，领先供应商会根据自身的研发能力进行激烈型研发或非激
烈型研发；若供应商之间达成专利许可协议，则落后供应商可以使用
对方的专利技术，同时要向领先供应商支付一定的技术许可费用。此
外，供应商也可以共同出资建立一个联合实验室，甚至一个全新的独
立企业来进行合作研发项目，若是股权型合作开发，成立的研发实体
称为 RJV，在这种类型的合作研发中，供应商不仅需要决定是否进行
合作，还要决定控股权。

综上所述，在研发成果受到知识产权保护，且供应商的研发能力
不对等的情况下，有以下问题需要解决：在研发领先模式中，领先供
应商如何进行研发类型选择（激烈型研发或非激烈型研发）；供应商
是否会通过技术许可或成立 RJV 等方式进行合作研发；最终产品可替
代性对供应商研发努力的影响如何；从制造商的角度，是否会支持供
应商的战略决策；更进一步地，制造商和供应商之间就研发类型选择
和研发模式选择会形成什么样的竞合关系网络。

与现有横向合作研发领域的文献不同的是，一方面，以往研究假
定供应商之间存在无偿的知识溢出，而在本章中，我们假定供应商的
研发结果受到知识产权保护，供应商之间不存在知识外溢现象，使用
他人的技术需要支付技术许可费。另一方面，以往横向合作研发的文
献对于企业不对称性的扩展关注的是竞争对手之间在初始成本、创新

---

① 以往文献中，企业进行的研发活动多为成本降低型研发，激烈型研发后企业在新成
本下的销售价格低于竞争对手的边际成本，而非激烈型研发后企业在新成本下的销售价格
高于竞争对手的边际成本。而在本书中，企业进行的研发活动为质量提升型研发，激烈型
研发后低质量产品的市场需求量为零，而非激烈型研发后低质量产品的市场需求量大于零。

率及溢出水平等方面存在的差异，而本章在多主体竞合供应链背景下，不仅考虑到供应商与供应商之间在研发能力上的差距，还进一步考虑到研发能力差距的程度，将研发能力的差距分为大、中、小三种情况。此外，现有文献中关于研发策略的研究主要针对成本降低型研发活动，认为激烈型研发能够使得研发后的产品价格低于当前成本，会使研发企业获得垄断地位，在本章中我们考虑的是质量提升型研发活动，假定激烈型研发能够使得研发后竞争对手的产品需求量降为零，从而使得研发企业获得垄断供应地位。

本章结构如下：第二节对本章研究的问题进行简要描述并提出模型的基本假设；在第三节中，将对不同的研发模式进行建模；第四节分析最终产品替代性、知识产权价值对企业的影响，并讨论供应商和制造商就研发模式选择中形成的竞合关系网络；第五节为本章小结，简述本章的研究结论。

第二节 问题描述与基本假设

一 问题描述

本章考虑两个提供相似中间产品的供应商和一个生产两种最终产品的制造商所组成的供应链，制造商占主导地位，负责最终产品的设计、生产与销售工作，供应商占从属地位，负责中间产品的设计和生产加工。与第三章（供应商之间的研发能力相同）不同的是，本章中的两个供应商具有不同的研发能力（不失一般性，假定两个供应商中只有领先供应商1具备独立研发的能力，而落后供应商2不具备独立研发能力）。每个供应商提供的中间产品对应一种最终产品，且最终产品具有一定的可替代性。最终顾客对每一种最终产品的需求量取决于本产品的销售价格和产品质量，以及替代产品的销售价格和产品质量。

在这个供应链中，根据研发类型将领先供应商 1 的研发活动分为两种情况：激烈型研发和非激烈型研发。激烈型研发中，落后供应商 2 会被淘汰出该供应链，非激烈型研发中，落后供应商 2 不被淘汰出供应链。另外，供应商的研发能力差距也可以分为三种情况：研发能力差距较大、研发能力差距中等和研发能力差距较小。若供应商的研发能力差距较小，则领先供应商 1 进行两类研发活动的最优研发努力水平都低于临界值（落后供应商 2 被淘汰出供应链时需要的研发努力程度）；若供应商的研发能力差距中等，则领先供应商 1 进行非激烈型研发的最优研发努力水平高于临界值，而进行激烈型研发活动的最优研发努力水平低于临界值；若供应商的研发能力差距较大，则领先供应商 1 进行两类研发活动的最优研发努力水平都高于临界值。

在现实中，供应商之间在研发能力上的差距会为供应商带来不同的竞争优势，使得供应商之间的竞争与合作呈现不同的形态。此时，供应商之间存在三种竞合模式：研发领先模式、技术许可模式及研究联合体模式（简称 RJV 模式）。在研发领先模式中，领先供应商 1 进行研发活动，研发结束后不会向落后供应商 2 进行专利许可；在技术许可模式中，研发活动结束后，领先供应商 1 可以向落后供应商 2 进行技术许可，落后供应商 2 需要向领先供应商 1 支付一定的专利许可费；在 RJV 模式中，两个供应商出资成立研究联合体（领先供应商 1 提供研发所需的资源和技术，落后供应商 2 提供资金支持），由 RJV 组织开展研发活动，研发所得专利归 RJV 所有，任何一个供应商使用该专利，均需向 RJV 支付一定的专利许可费。

在该供应链中，首先，在前期准备阶段，制造商进行产品差异化的决策，确定两种最终产品的差异程度。同时，供应商进行研发模式选择，即决定是否与另一个供应商进行合作研发及合作方式。若采取研发领先模式，则需要确定研发的类型，若采取 RJV 模式，则需要确定控股供应商。其次，在研发实施阶段，若采取研发领先模式和技术许可模式，则领先供应商 1 进行研发努力决策；若采取 RJV 模式，则由控股供应商进行研发努力决策。然后，在专利许可阶段，若采取技术许可模式则由领先供应商制定专利许可合同，若采取 RJV 模式则由控股供应商制定专利许可合同。最后，在产品销售阶段，制造商制定产品的销售价格并进行产品销售。企业的决策过程如图 4 - 1 所示。

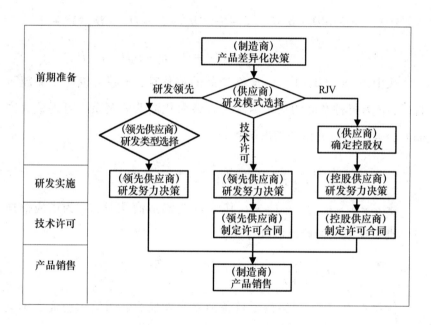

图 4 - 1　基于知识产权的上游企业间横向合作研发决策过程

二　基本假设

假设 4.1：假设供应链中存在两个生产相似中间产品的供应商和一个生产两种可替代最终产品的制造商，一个供应商只为一种最终产品提供中间产品，一单位最终产品需要一单位的中间产品。供应商生产单位中间产品的边际利润为 λ （即 $\lambda = w - c_s$，w 为中间产品的批发价格，c_s 为供应商的边际成本），制造商生产单位最终产品的可变成本为 c_m（即 $c_m = w + c_0$，c_0 为制造商的边际成本）。

假设 4.2：根据 Matsubayashi（2007），若产品市场上存在两种可替代的产品，消费者对产品 i（$i = 1$，2）的感知价格为 $\rho_i = p_i - \delta q_i$，其中，$p_i$ 为最终产品的销售价格，q_i 为最终产品质量，δ 为质量敏感系数。消费者对最终产品 i（$i = 1$，2）的需求量为 D_i。则消费者剩余函数为：

$$U - \rho_i D_i - \rho_{-i} D_{-i} = -\frac{1}{2} \left(D_i^2 + 2\tau D_i D_{-i} + D_{-i}^2 \right) +$$
$$d \left(D_i + D_{-i} \right) - \rho_i D_i - \rho_{-i} D_{-i}$$

式中，$\tau \in$（0，1）为最终产品的替代性，τ 越大说明产品越可替代，d 为每种产品的初始需求量。最大化消费者剩余，可得最终产品 i（$i = 1$，2）的市场需求函数为：

$$D_i = \frac{d}{1 + \tau} - \frac{p_i}{1 - \tau^2} + \frac{\tau p_{-i}}{1 - \tau^2} + \frac{\delta q_i}{1 - \tau^2} - \frac{\delta \tau q_{-i}}{1 - \tau^2}$$

令 $q_i = m + s_i$，$D_0 = d + m$，其中 m 为制造商质量，s_i 为供应商质量，则市场需求函数可以改写为：

$$D_i = \frac{D_0}{1 + \tau} - \frac{p_i}{1 - \tau^2} + \frac{\tau p_{-i}}{1 - \tau^2} + \frac{\delta s_i}{1 - \tau^2} - \frac{\delta \tau s_{-i}}{1 - \tau^2}$$

假设 4.3：领先供应商 1 具备独立研发能力，落后供应商 2 不具备独立研发能力。供应商的研发能力差距为 $\frac{1}{u}$，表示供应商 1 的质量（与落后供应商 2 的质量相比）提高 x 所付出的研发成本为 $\frac{ux^2}{2}$，u 越低供应商的研发能力差距越大。在领先模式中，领先供应商 1 的质量为 $s_1 = l + x$，落后供应商 2 的质量为 $s_2 = l$。

假设 4.4：领先供应商 1 向落后供应商 2 进行技术许可时，落后供应商 2 需要向领先供应商 1 支付专利许可费（r，f），其中 r 为产量提成率，f 为固定费用（Pastor and Sandonis，2002）。在专利许可后，领先供应商 1 的质量为 $s_1 = l + x$，落后供应商 2 的质量为 $s_2 = l + x$。

假设 4.5：领先供应商 1 与供应商 2 成立 RJV 时，领先供应商 1 和供应商 2 都需要向 RJV 支付专利许可费 (r, f)，其中 r 为产量提成率，f 为固定费用（Pastor and Sandonis，2002）。在成立 RJV 后，领先供应商 1 的质量为 $s_1 = l + x$，供应商 2 的质量为 $s_2 = l + x$。

假设 4.6：成立 RJV 时，领先供应商 1 提供研发所需技术，落后供应商 2 提供研发所需资金。领先供应商 1 提供的知识产权价值为 I（亦即知识产权价值差距），占 RJV 的股份为 $\alpha \in \{\alpha_f, \alpha_r\}$，落后供应商 2 提供资金为 $\dfrac{I(1-\alpha)}{\alpha}$，占 RJV 的股份为 $1 - \alpha$（当领先供应商 1 控股时，领先供应商 1 占的股份为 α_r，当落后供应商 2 控股时，领先供应商 1 占的股份为 α_f，且 $0 < \alpha_f < \dfrac{1}{2} < \alpha_r < 1$）。假定落后供应商 2 优先选择 RJV 的控制权，且供应商之间按照出资比例对 RJV 所获专利收入进行分配。

第三节 模型建立与求解

一 研发领先模式（A）

若领先供应商 1 决定进行质量改进型研发活动，研发活动获得成功后所得专利归领先供应商 1 所有，落后供应商 2 不采取任何行动，且供应商之间不存在知识共享和技术许可，称这种竞合模式为研发领先模式。在该模式中，若领先供应商 1 实施非激烈型研发（上标为 AN），领先供应商 1 和落后供应商 2 同时存在于上游市场中，领先供应商 1 以自身利润最大化为目标确定研发努力水平 x^{AN}，在付出研发努力成本为 $\dfrac{u(x^{AN})^2}{2}$ 的情况下获得的实际质量为 $s_1^{AN} = l + x^{AN}$，落后供

应商 2 保持原有质量不变，即 $s_2^{AN} = l$，则供应商 i（$i = 1$，2）的市场

需求量为 $D_i^{AN} = \dfrac{D_0}{1+\tau} - \dfrac{p_i^{AN}}{1-\tau^2} + \dfrac{\tau p_{3-i}^{AN}}{1-\tau^2} + \dfrac{\delta s_i^{AN}}{1-\tau^2} - \dfrac{\delta \tau s_{3-i}^{AN}}{1-\tau^2}$；接下来，在产品

销售阶段，制造商根据产品质量，以自身利润最大化为目标确定产品

销售价格 p_1^A 和 p_2^A。

　　若领先供应商 1 实施激烈型研发活动（上标为 AG），领先供应商 1

存在于上游市场，而落后供应商 2 被淘汰，领先供应商 1 以自身利润

最大化为目标确定研发努力水平 x^{AG}，在付出研发努力成本为 $\dfrac{u\ (x^{AG})^2}{2}$

的情况下获得的实际质量为 $s^{AG} = l + x^{AG}$，供应商 1 的市场需求量为

$D^{AG} = D_0 - p^{AG} + \delta s^{AG}$；接下来，在产品销售阶段，制造商根据产品质

量，以自身利润最大化为目标确定产品销售价格 p^{AG}。

　　在研发领先模式中，企业的博弈顺序如图 4 – 2 所示。

图 4 – 2　研发领先模式的博弈顺序

　　此时，若供应商 1 进行非激烈型研发，制造商的利润函数为：

$$\pi_m^{AN} = \sum_{i=1,2} (p_i^{AN} - c_m)\left(\dfrac{D_0}{1+\tau} - \dfrac{p_i^{AN}}{1-\tau^2} + \dfrac{\tau p_{3-i}^{AN}}{1-\tau^2} + \dfrac{\delta s_i^{AN}}{1-\tau^2} - \dfrac{\delta \tau s_{3-i}^{AN}}{1-\tau^2}\right)$$

$$(4-1)$$

　　供应商 1 和供应商 2 的利润函数分别为：

$$\pi_{s1}^{AN} = \lambda\left(\dfrac{D_0}{1+\tau} - \dfrac{p_1^{AN}}{1-\tau^2} + \dfrac{\tau p_2^{AN}}{1-\tau^2} + \dfrac{\delta s_1^{AN}}{1-\tau^2} - \dfrac{\delta \tau s_2^{AN}}{1-\tau^2}\right) - \dfrac{u}{2}(x^{AN})^2$$

$$(4-2)$$

$$\pi_{s2}^{AN} = \lambda\left(\dfrac{D_0}{1+\tau} - \dfrac{p_2^{AN}}{1-\tau^2} + \dfrac{\tau p_1^{AN}}{1-\tau^2} + \dfrac{\delta s_2^{AN}}{1-\tau^2} - \dfrac{\delta \tau s_1^{AN}}{1-\tau^2}\right) \qquad (4-3)$$

若供应商 1 进行激烈型研发，制造商的利润函数为：

$$\pi_m^{AG} = (p^{AG} - c_m)(D_0 - p^{AG} + \delta s^{AG}) \qquad (4-4)$$

供应商 1 和供应商 2 的利润函数分别为：

$$\pi_{s1}^{AG} = \lambda(D_0 - p^{AG} + \delta s^{AG}) - \frac{u}{2}(x^{AG})^2 \qquad (4-5)$$

$$\pi_{s2}^{AG} = 0 \qquad (4-6)$$

下面采用逆向归纳法，探讨在研发领先模式中，若供应商 1 进行非激烈型研发时，供应商的研发努力和制造商的销售价格。

第二阶段，制造商在最终市场进行产品销售。制造商的利润 π_m^{AN} 关于销售价格 p_1^{AN}、p_2^{AN} 的一阶最优条件为：

$$\frac{\partial \pi_m^{AN}}{\partial p_1^{AN}} = \left(\frac{D_0}{1+\tau} + \frac{c_m}{1+\tau} - \frac{2p_1^{AN}}{1-\tau^2} + \frac{2\tau p_2^{AN}}{1-\tau^2} + \frac{\delta s_1^{AN}}{1-\tau^2} - \frac{\delta \tau s_2^{AN}}{1-\tau^2} \right) = 0$$

$$\frac{\partial \pi_m^{AN}}{\partial p_2^{AN}} = \left(\frac{D_0}{1+\tau} + \frac{c_m}{1+\tau} - \frac{2p_2^{AN}}{1-\tau^2} + \frac{2\tau p_1^{AN}}{1-\tau^2} + \frac{\delta s_2^{AN}}{1-\tau^2} - \frac{\delta \tau s_1^{AN}}{1-\tau^2} \right) = 0$$

联立方程组，求出 p_1^{AN}、p_2^{AN}，得：

$$p_i^{AN} = \frac{1}{2}(D_0 + c_m + \delta s_i^{AN}), \ i = 1, 2 \qquad (4-7)$$

令 $\Phi = D_0 - c_m + \delta l$，则领先供应商 1 和落后供应商 2 的需求函数分别为：

$$D_{s1}^{AN} = \frac{1}{2(1+\tau)}\left(\Phi + \frac{\delta \tau x^{AN}}{1-\tau} \right) \qquad (4-8)$$

$$D_{s2}^{AN} = \frac{1}{2(1+\tau)}\left(\Phi - \frac{\delta \tau x^{AN}}{1-\tau} \right) \qquad (4-9)$$

由落后供应商 2 的需求函数式（4-9）可知，落后供应商 2 的市场需求随着领先供应商 1 的研发努力水平的提高而降低，即 $\frac{\partial D_{s2}^{AN}}{x^{AN}} \leq 0$。令 $x_E = \frac{\Phi}{\delta}\left(\frac{1}{\tau} - 1 \right)$，则当 $x^{AN} \geq x_E$ 时，$D_{s2}^{AN} \leq 0$，此时，落后供应商 2 会被挤出供应链。

定义 4 – 1：

当领先供应商 1 的研发努力水平小于临界值（即 $x < x_E$）时，该项研发活动为非激烈型研发；当领先供应商 1 的研发努力水平大于或等于临界值（即 $x \geq x_E$）时，该项研发活动为激烈型研发。

当研发活动为非激烈型研发时，市场中同时存在质量为 q_1 和 q_2（$q_1 > q_2$）的两种可替代产品，质量较低的产品 2 不会被淘汰出市场。当该研发活动为激烈型研发时，质量较低的产品 2 会被淘汰出市场，市场中只存在质量较高的产品 1，产品 1 的市场需求量为 $D^{AG} = D_0 - p^{AG} + \delta s^{AG}$。

由定义 4 – 1 可知，制造商可以通过控制最终产品的差异性来控制 x_E 的大小，产品差异性越小，则领先供应商 1 通过研发领先策略将落后供应商 2 挤出供应链所需的研发努力越高，即 $\dfrac{\partial x_E}{\partial \tau} < 0$。

第一阶段，领先供应商 1 进行非激烈型研发活动。领先供应商 1 的利润函数为：

$$\pi_{s1}^{AN} = \frac{\lambda}{2(1+\tau)}\left(\Phi + \frac{\delta x^{AN}}{1-\tau}\right) - \frac{u}{2}(x^{AN})^2 \qquad (4-10)$$

领先供应商 1 的利润函数 π_{s1}^{AN} 关于非激烈型研发努力水平 x^{AN} 的最优一阶条件，可得：

$$\frac{\partial \pi_{s1}^{AN}}{\partial x^{AN}} = \frac{\delta\lambda}{2(1-\tau^2)} - ux^{AN} = 0$$

从理论上讲，领先供应商 1 进行非激烈型研发时的最优研发努力水平为：

$$x^{AN+} = \frac{\delta\lambda}{2u(1-\tau^2)} \qquad (4-11)$$

上面为领先供应商 1 进行非激烈型研发时的最优决策情况，下面求解激烈型研发下的最优研发努力水平。

在激烈型研发情况下，制造商的利润函数为：

$$\pi_m^{AG} = (p^{AG} - c_m)(D_0 - p^{AG} + \delta s^{AG}) \tag{4-12}$$

求解可得激烈型研发的最优销售价格为：

$$p^{AG} = \frac{D_0 + c_m + \delta s^{AG}}{2} \tag{4-13}$$

此时，领先供应商1的利润函数为：

$$\pi_{s1}^{AG} = \frac{\lambda(\Phi + \delta x^{AG})}{2} - \frac{u}{2}(x^{AG})^2 \tag{4-14}$$

由式（4-14）可知，领先供应商1的利润随着激烈型研发努力水平的提高而呈现倒"U"型趋势。从理论上讲，领先供应商1进行激烈型研发时的最优研发努力水平为：

$$x^{AG+} = \frac{\delta\lambda}{2u} \tag{4-15}$$

（一）研发能力差距较小时的研发领先

1. 情形4-1：研发能力差距较小时研发领先模式下的非激烈型研发（ANL）

命题4-1：

当供应商的研发能力差距较小时，即 $\frac{1}{u} < \frac{2\Phi(1-\tau)(1-\tau^2)}{\tau\lambda\delta^2}$，在研发领先模式中，领先供应商1进行非激烈型研发时的实际研发努力水平为：

$$x^{ANL*} = \frac{\delta\lambda}{2u(1-\tau^2)} \tag{4-16}$$

领先供应商1和落后供应商2的实际利润分别为：

$$\pi_{s1}^{ANL*} = \frac{\lambda\Phi}{2(1+\tau)} + \frac{\delta^2\lambda^2}{8u(1-\tau^2)^2} \tag{4-17}$$

$$\pi_{s2}^{ANL*} = \frac{\lambda\Phi}{2(1+\tau)} - \frac{\tau\delta^2\lambda^2}{4u(1-\tau^2)^2} \tag{4-18}$$

制造商的实际利润为：

$$\pi_m^{ANL*} = \frac{\Phi^2}{2\ (1+\tau)} + \frac{\delta^2 \lambda \Phi}{4u\ (1+\tau)\ (1-\tau^2)} + \frac{\delta^4 \lambda^2}{16u^2\ (1-\tau^2)^3}$$

$$(4-19)$$

2. 情形 4 - 2：研发能力差距较小时研发领先模式下的激烈型研发（AGL）

命题 4 - 2：

当供应商的研发能力差距较小时，即 $\frac{1}{u} < \frac{2\Phi\ (1-\tau)\ (1-\tau^2)}{\tau \delta^2 \lambda}$，在研发领先模式中，为了将落后供应商 2 的产品淘汰出市场，领先供应商 1 进行激烈型研发的实际研发努力水平为：

$$x^{AGL*} = \frac{\Phi}{\delta} \left(\frac{1}{\tau} - 1 \right) \qquad (4-20)$$

领先供应商 1 和落后供应商 2 的实际利润分别为：

$$\pi_{s1}^{AGL*} = \frac{\lambda \Phi}{2\tau} - \frac{u \Phi^2\ (1-\tau)^2}{2\tau^2 \delta^2} \qquad (4-21)$$

$$\pi_{s2}^{AGL*} = 0 \qquad (4-22)$$

制造商的实际利润为：

$$\pi_m^{AGL*} = \frac{\Phi^2}{4\tau^2} \qquad (4-23)$$

3. 研发能力差距较小时研发领先模式下的研发类型选择

当供应商的研发能力差距较小时，若领先供应商 1 进行非激烈型研发，则领先供应商 1 的利润函数为 π_{s1}^{ANL}，如图 4 - 3（a）所示；若领先供应商 1 为了将落后供应商 2 的产品淘汰出市场而进行激烈型研发，则领先供应商 1 的利润函数为 π_{s1}^{AGL}，如图 4 - 3（b）所示。

由图 4 - 3 可知，当供应商的研发能力差距较小时，领先供应商 1 进行非激烈型研发活动的实际研发努力水平为最优研发努力水平，即 $x^{ANL*} = x^{AN+}$，而进行激烈型研发活动的实际研发努力水平大于最优研发努力水平，即 $x^{AGL*} > x^{AG+}$。那么，领先供应商 1 进行激烈型研发活动是否能够提升领先供应商 1 的利润呢？

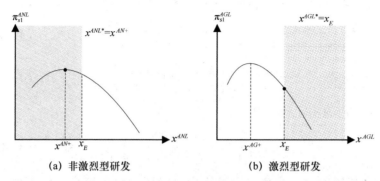

图 4 – 3 研发能力差距较小时研发领先模式下领先供应商 1 的利润

结论 4 – 1：

当供应商的研发能力差距较小时，在研发领先模式中，领先供应商 1 会进行非激烈型研发。

证明：在研发能力差距较小时，判断研发领先模式下领先供应商 1 是否会进行激烈型研发，即判断情形 4 – 2 下领先供应商 1 的实际利润是否会高于情形 4 – 1 下领先供应商 1 的实际利润。

$$\pi_{s1}^{AGL*} - \pi_{s1}^{ANL*} = -\frac{1}{2u}\left[\frac{u\Phi\ (1-\tau)}{\tau\delta} - \frac{\delta\lambda}{2\ (1-\tau^2)}\right]^2 \quad (4-24)$$

由于 $\pi_{s1}^{AGL*} - \pi_{s1}^{ANL*} < 0$，结论 4 – 1 得证。

（二）研发能力差距中等时的研发领先

1. 情形 4 – 3：研发能力差距中等时研发领先模式下的非激烈型研发（ANM）

命题 4 – 3：

当供应商的研发能力差距中等时，即 $\dfrac{2\Phi\ (1-\tau)^2\ (1+\tau)}{\tau\delta^2\lambda} \leqslant \dfrac{1}{u} <$

$\dfrac{2\Phi\ (1-\tau)}{\tau\delta^2\lambda}$，在研发领先模式中，领先供应商 1 进行非激烈型研发的

实际研发努力水平为 x^{ANM*}（且 $x^{ANM*} < x_E$）。

领先供应商 1 和落后供应商 2 的实际利润分别为：

$$\pi_{s1}^{ANM*} = \frac{\lambda}{2(1+\tau)}\left(\Phi + \frac{\delta x^{ANM*}}{1-\tau}\right) - \frac{u}{2}(x^{ANM*})^2 \qquad (4-25)$$

$$\pi_{s2}^{ANM*} = \frac{\lambda}{2(1+\tau)}\left(\Phi - \frac{\delta\tau x^{ANM*}}{1-\tau}\right) \qquad (4-26)$$

制造商的实际利润为：

$$\pi_m^{ANM*} = \frac{\Phi^2}{2(1+\tau)} + \frac{\delta\Phi x^{ANM*}}{2(1+\tau)} + \frac{\delta^2(x^{ANM*})^2}{4(1-\tau^2)} \qquad (4-27)$$

2. 情形 4 – 4：研发能力差距中等时研发领先模式下的激烈型研发（AGM）

命题 4 – 4：

当供应商的研发能力差距中等时，即 $\dfrac{2\Phi(1-\tau)^2(1+\tau)}{\tau\delta^2\lambda} \leqslant \dfrac{1}{u} <$

$\dfrac{2\Phi(1-\tau)}{\tau\delta^2\lambda}$，在研发领先模式中，为了将落后供应商 2 的产品淘汰出市场，领先供应商 1 的实际研发努力水平为：

$$x^{AGM*} = \frac{\Phi}{\delta}\left(\frac{1}{\tau} - 1\right) \qquad (4-28)$$

领先供应商 1 和落后供应商 2 的实际利润分别为：

$$\pi_{s1}^{AGM*} = \frac{\lambda\Phi}{2\tau} - \frac{u\Phi^2(1-\tau)^2}{2\tau^2\delta^2} \qquad (4-29)$$

$$\pi_{s2}^{AGM*} = 0 \qquad (4-30)$$

制造商的实际利润为：

$$\pi_m^{AGM*} = \frac{\Phi^2}{4\tau^2} \qquad (4-31)$$

3. 研发能力差距中等时的研发类型选择

当研发能力差距中等时，若领先供应商 1 进行非激烈型研发，则领先供应商 1 的利润函数为 π_{s1}^{ANM}，如图 4 – 4（a）所示；若领先供应商1为了将落后供应商2的产品淘汰出市场而进行激烈型研发，则领先供应商1的利润函数为 π_{s1}^{AGM}，如图4-4（b）所示。

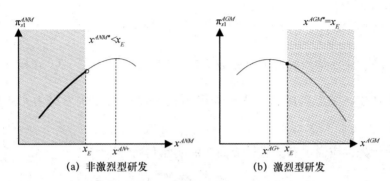

图4-4 研发能力差距中等时研发领先模式下领先供应商1的利润

由图4-4可知，当供应商的研发能力差距中等时，领先供应商1进行非激烈型研发活动的实际研发努力水平低于最优研发努力水平，即 $x^{ANM*} < x^{AN+}$；而进行激烈型研发活动的实际研发努力水平大于最优研发努力水平，即 $x^{AGM*} > x^{AG+}$。那么，领先供应商1进行激烈型研发活动是否能够提升领先供应商1的利润呢？

结论4-2：

当供应商的研发能力差距中等时，在研发领先模式中，领先供应商1会进行激烈型研发。

证明：当供应商的研发能力差距中等时，在研发领先模式下，判断领先供应商1是否会进行激烈型研发，即判断情形4-4下的供应商的实际利润和情形4-3下领先供应商1的实际利润的大小。

$$\pi_{s1}^{AGM*} - \pi_{s1}^{ANM*} = \frac{\lambda\Phi}{2\tau(1+\tau)} - \frac{u\Phi^2(1-\tau)^2}{2\tau^2\delta^2} - \frac{\delta\lambda x^{ANM*}}{2(1-\tau^2)} + \frac{u}{2}(x^{ANM*})^2$$

$$(4-32)$$

由式（4-32）可知，当 $x^{ANM*} < x_E$ 时，$\pi_{s1}^{AGM*} - \pi_{s1}^{ANM*} > 0$，结论4-2得证。

（三）研发能力差距较大时的研发领先

1. 情形 4 - 5：研发能力差距较大时研发领先模式下的非激烈型研发（ANH）

命题 4 - 5：

当供应商的研发能力差距较大时，即 $\frac{1}{u} \geqslant \frac{2\Phi(1-\tau)}{\tau\lambda\delta^2}$，在研发领先模式中，领先供应商 1 进行非激烈型研发的实际研发努力水平为 x^{ANH*}（且 $x^{ANH*} < x_E$）。

领先供应商 1 和落后供应商 2 的实际利润分别为：

$$\pi_{s1}^{ANH*} = \frac{\lambda}{2(1+\tau)}\left(\Phi + \frac{\delta x^{ANH*}}{1-\tau}\right) - \frac{u}{2}(x^{ANH*})^2 \qquad (4-33)$$

$$\pi_{s2}^{ANH*} = \frac{\lambda}{2(1+\tau)}\left(\Phi - \frac{\delta\tau x^{ANH*}}{1-\tau}\right) \qquad (4-34)$$

制造商的实际利润为：

$$\pi_m^{ANH*} = \frac{\Phi^2}{2(1+\tau)} + \frac{\delta\Phi x^{ANH*}}{2(1+\tau)} + \frac{\delta^2(x^{ANH*})^2}{4(1-\tau^2)} \qquad (4-35)$$

2. 情形 4 - 6：研发能力差距较大时研发领先模式下的激烈型研发（AGH）

命题 4 - 6：

当供应商的研发能力差距较大时，即 $\frac{1}{u} \geqslant \frac{2\Phi(1-\tau)}{\tau\lambda\delta^2}$，在研发领先模式中，为了将落后供应商 2 的产品淘汰出市场，领先供应商 1 的实际研发努力水平为：

$$x^{AGH*} = \frac{\delta\lambda}{2u} \qquad (4-36)$$

领先供应商 1 和落后供应商 2 的实际利润分别为：

$$\pi_{s2}^{AGH*} = 0 \qquad (4-37)$$

$$\pi_{s1}^{AGH*} = \frac{\lambda\Phi}{2} + \frac{\delta^2\lambda^2}{8u} \qquad (4-38)$$

制造商的实际利润为：

$$\pi_m^{AGH*} = \frac{1}{4}\left(\Phi + \frac{\delta^2\lambda}{2u}\right)^2 \qquad (4-39)$$

3. 研发能力差距较大时研发领先模式中的研发类型选择

当供应商的研发能力差距较大时，若领先供应商 1 进行非激烈型研发，则领先供应商 1 的利润函数为 π_{s1}^{ANH}，如图 4-5（a）所示；若领先供应商 1 为了将落后供应商 2 的产品淘汰出市场而进行激烈型研发，则领先供应商 1 的利润函数为 π_{s1}^{AGH}，如图 4-5（b）所示。

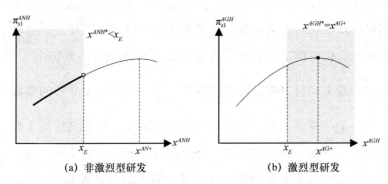

(a) 非激烈型研发　　　　　(b) 激烈型研发

图 4-5　研发能力差距较大时研发领先模式下领先供应商 1 的利润

由图 4-5 可知，当供应商的研发能力差距较大时，领先供应商 1 进行非激烈型研发活动的实际研发努力水平小于最优研发努力水平，即 $x^{ANH*} < x^{AN+}$，而进行激烈型研发活动的实际研发努力水平等于最优研发努力水平，即 $x^{AGH*} = x^{AG+}$。那么，领先供应商 1 进行激烈型研发活动是否能够提升领先供应商 1 的利润呢？

结论 4-3：

当供应商的研发能力差距较大时，在研发领先模式中，领先供应商 1 会进行激烈型研发。

证明：在研发能力差距较大时，判断研发领先模式下领先供应商 1 是否会进行激烈型研发，即判断情形 4-5 下的领先供应商 1 的实际利润和情形 4 - 6 下领先供应商 1 的实际利润的大小。

$$\pi_{s1}^{AGH*} - \pi_{s1}^{ANH*} = -\frac{\Phi^2 (1-\tau)}{4 (1+\tau)} + \frac{\delta^4 \lambda^2}{16u^2} + \frac{\delta^2 \lambda \Phi}{4u} - \frac{\delta \Phi x^{ANH*}}{2 (1+\tau)} - \frac{\delta^2 (x^{ANH*})^2}{4 (1-\tau^2)}$$

$$(4 - 40)$$

当 $x^{ANH*} < x_E$ 时，$\pi_{s1}^{AGH*} - \pi_{s1}^{ANH*} > 0$，则我们得到结论 4 - 3。

二　技术许可模式（L）

若领先供应商 1 进行研发活动，而落后供应商 2 不进行研发活动时，领先供应商 1 的专利归领先供应商 1 所有，且领先供应商 1 可向落后供应商 2 进行专利许可，这种模式称为技术许可模式。首先，在研发阶段，供应商 1 以自身利润最大化为目标确定研发努力水平 x^L，领先供应商 1 在付出质量努力成本为 $\frac{u (x^L)^2}{2}$ 的情况下获得的实际质量为 $s_1^L = l + x^L$。接着，在专利许可合同制定阶段，领先供应商 1 作为专利许可的主导方，制定专利许可合同 (r^L, f^L)，满足 $\pi_{s2}^L - \pi_{s2}^{AN} = 0$。落后供应商 2 接受专利许可，落后供应商 2 的产品质量为 $s_2^L = l + x^L$。最后，在产品销售阶段，制造商根据产品的质量，以自身利润最大化为目标确定产品销售价格 p_1^L 和 p_2^L。企业的博弈顺序如图 4 - 6 所示。

图 4 - 6　技术许可模式的博弈顺序

此时，制造商的利润函数为：

$$\pi_m^L = \sum_{i=1,2} (p_i^L - c_m) \left(\frac{D_0}{1+\tau} - \frac{p_i^L}{1-\tau^2} + \frac{\tau p_{3-i}^L}{1-\tau^2} + \frac{\delta s_i^L}{1-\tau^2} - \frac{\delta \tau s_{3-i}^L}{1-\tau^2} \right)$$

$$(4 - 41)$$

领先供应商 1 和落后供应商 2 的利润函数分别为：

$$\pi_{s1}^{L} = (\lambda + r^{L}) \left(\frac{D_0}{1+\tau} - \frac{p_1^{L}}{1-\tau^2} + \frac{\tau p_2^{L}}{1-\tau^2} + \frac{\delta s_1^{L}}{1-\tau^2} - \frac{\delta \tau s_2^{L}}{1-\tau^2} \right) - \frac{u}{2}(x^{L})^2 + f^{L}$$

$$(4-42)$$

$$\pi_{s2}^{L} = (\lambda - r^{L}) \left(\frac{D_0}{1+\tau} - \frac{p_2^{L}}{1-\tau^2} + \frac{\tau p_1^{L}}{1-\tau^2} + \frac{\delta s_2^{L}}{1-\tau^2} - \frac{\delta \tau s_1^{L}}{1-\tau^2} \right) - f^{L}$$

$$(4-43)$$

（一）情形 4 - 7：研发能力差距较小时的专利许可（LL）

第三阶段，制造商在最终市场进行产品销售，制造商的利润函数为：

$$\pi_m^{LL} = \sum_{i=1,2} (p_i^{LL} - c_m) \left(\frac{D_0}{1+\tau} - \frac{p_i^{LL}}{1-\tau^2} + \frac{\tau p_{3-i}^{LL}}{1-\tau^2} + \frac{\delta s_i^{LL}}{1-\tau^2} - \frac{\delta \tau s_{3-i}^{LL}}{1-\tau^2} \right)$$

$$(4-44)$$

求解制造商的利润关于销售价格的最优一阶条件，可得产品的最优销售价格为：

$$p_i^{LL} = \frac{1}{2} (D_0 + c_m + \delta s_i^{LL}), \quad i = 1, 2 \qquad (4-45)$$

第二阶段，供应商 1 进行专利许可，供应商 1、供应商 2 的利润函数分别为：

$$\pi_{s1}^{LL} = \frac{\lambda + r^{LL}}{2(1+\tau)} (\Phi + \delta x^{LL}) - \frac{u}{2} (x^{LL})^2 + f^{LL} \qquad (4-46)$$

$$\pi_{s2}^{LL} = \frac{\lambda - r^{LL}}{2(1+\tau)} (\Phi + \delta x^{LL}) - f^{LL} \qquad (4-47)$$

若供应商 1 和供应商 2 达成专利许可协议，专利许可合同（r^{LL}, f^{LL}）满足 $\pi_{s2}^{LL} - \pi_{s2}^{ANL} = 0$，则：

$$r^{LL} = \frac{1}{\Phi + \delta x^{LL}} \left[\delta \lambda x^{LL} + \frac{\tau \delta^2 \lambda^2}{2u(1+\tau)(1-\tau)^2} - 2f^{LL}(1+\tau) \right]$$

$$(4-48)$$

第一阶段，供应商 1 进行研发活动。将式（4 - 48）代入式（4 - 46）中，可得供应商 1 的利润函数为：

$$\pi_{s1}^{LL} = \frac{\lambda \Phi}{2(1+\tau)} - \frac{\tau \delta^2 \lambda^2}{4u(1-\tau^2)^2} + \frac{\delta \lambda x^{LL}}{1+\tau} - \frac{u}{2}(x^{LL})^2 \qquad (4-49)$$

求解可得最优研发努力水平为：

$$x^{LL*} = \frac{\delta \lambda}{u(1+\tau)} \qquad (4-50)$$

此时，供应商 1 和供应商 2 的最优利润分别为：

$$\pi_{s1}^{LL*} = \frac{\lambda \Phi}{2(1+\tau)} + \frac{\delta^2 \lambda^2 (2-5\tau+2\tau^2)}{4u(1-\tau^2)^2} \qquad (4-51)$$

$$\pi_{s2}^{LL*} = \frac{\lambda \Phi}{2(1+\tau)} - \frac{\tau \delta^2 \lambda^2}{4u(1-\tau^2)^2} \qquad (4-52)$$

制造商的最优利润为：

$$\pi_{m}^{LL*} = \frac{\Phi^2}{2(1+\tau)} + \frac{\Phi \delta^2 \lambda^2}{u(1+\tau)^2} + \frac{\delta^4 \lambda^2}{2u^2(1+\tau)^3} \qquad (4-53)$$

命题 4 - 7：

当供应商的研发能力差距较小时，在技术许可模式中，领先供应商 1 的最优研发努力水平为 x^{LL*}，领先供应商 1、落后供应商 2 的最优利润分别为 π_{s1}^{LL*}、π_{s2}^{LL*}，制造商的最优利润为 π_{m}^{LL*}。分别由式（4 - 50）—式（4 - 53）给出。

对于领先供应商 1 来讲，是否会进行技术许可需要比较技术许可前后领先供应商 1 利润的大小。通过对比分析，我们得到结论 4 - 4。

结论 4 - 4：

当供应商的研发能力差距较小时：

（1）若最终产品可替代性较低（即 $0 < \tau < \frac{5-\sqrt{13}}{4}$）时，则 $\pi_{s1}^{LL*} - \pi_{s1}^{ANL*} > 0$，此时领先供应商 1 会许可其专利。

（2）若最终产品可替代性较高（即 $\frac{5-\sqrt{13}}{4} \leq \tau < 1$）时，则 $\pi_{s1}^{LL*} - $

$\pi_{s1}^{ANL*} < 0$，此时领先供应商 1 不会许可其专利。

证明：当供应商的研发能力差距较小时，判断领先供应商 1 是否会进行专利许可，需要比较情形 4 - 7 中领先供应商 1 的最优利润是否大于情形 4 - 1 中领先供应商 1 的实际利润，则：

$$\pi_{s1}^{LL*} - \pi_{s1}^{ANL*} = \frac{\delta^2 \lambda^2 (3 - 10\tau + 4\tau^2)}{8u(1 - \tau^2)^2} \qquad (4 - 54)$$

由式（4 - 54）可知，当 $0 \leqslant \tau < \dfrac{5 - \sqrt{13}}{4}$ 时，$\pi_{s1}^{LL*} - \pi_{s1}^{ANL*} > 0$；当 $\dfrac{5 - \sqrt{13}}{4} \leqslant \tau < 1$ 时，$\pi_{s1}^{LL*} - \pi_{s1}^{ANL*} \leqslant 0$。我们可以得到结论 4 - 4。

（二）情形 4 - 8：研发能力差距中等时的专利许可（LM）

第三阶段，制造商在最终市场进行产品销售，制造商的利润函数为：

$$\pi_m^{LM} = \sum_{i=1,2} (p_i^{LM} - c_m) \left(\frac{D_0}{1 + \tau} - \frac{p_i^{LM}}{1 - \tau^2} + \frac{\tau p_{3-i}^{LM}}{1 - \tau^2} + \frac{\delta s_i^{LM}}{1 - \tau^2} - \frac{\delta \tau s_{3-i}^{LM}}{1 - \tau^2} \right)$$

$$(4 - 55)$$

求解制造商的利润关于销售价格的最优一阶条件，可得产品的最优销售价格为：

$$p_i^{LM} = \frac{1}{2} (D_0 + c_m + \delta s_i^{LM}), \ i = 1, \ 2 \qquad (4 - 56)$$

第二阶段，供应商 1 进行专利许可，供应商 1 和供应商 2 的利润函数分别为：

$$\pi_{s1}^{LM} = \frac{\lambda + r^{LM}}{2(1 + \tau)} (\Phi + \delta x^{LM}) - \frac{u}{2}(x^{LM})^2 + f^{LM} \qquad (4 - 57)$$

$$\pi_{s2}^{LM} = \frac{\lambda - r^{LM}}{2(1 + \tau)} (\Phi + \delta x^{LM}) - f^{LM} \qquad (4 - 58)$$

若供应商 1 和供应商 2 达成专利许可协议，专利许可合同（r^{LM}，f^{LM}）满足 $\pi_{s2}^{LM} - \pi_{s2}^{AGM} = 0$，则：

$$r^{LM} = \lambda - \frac{2f^{LM}(1+\tau)}{\Phi + \delta x^{LM}} \qquad (4-59)$$

第一阶段，供应商1进行研发活动。将式（4-59）代入式（4-57）中，可得供应商1的利润函数为：

$$\pi_{s1}^{LM} = \frac{\lambda}{1+\tau}(\Phi + \delta x^{LM}) - \frac{u}{2}(x^{LM})^2 \qquad (4-60)$$

求解供应商1的利润函数关于研发努力程度的一阶偏导，可得供应商1的最优研发努力水平为：

$$x^{LM*} = \frac{\delta\lambda}{u(1+\tau)} \qquad (4-61)$$

此时，供应商1和供应商2的最优利润分别为：

$$\pi_{s1}^{LM*} = \frac{\lambda\Phi}{1+\tau} + \frac{\delta^2\lambda^2}{2u(1+\tau)^2} \qquad (4-62)$$

$$\pi_{s2}^{LM*} = 0 \qquad (4-63)$$

制造商的最优利润为：

$$\pi_m^{LM*} = \frac{\Phi^2}{2(1+\tau)} + \frac{\delta^4\lambda^2}{2u^2(1+\tau)^3} + \frac{2\delta^2\lambda^2\Phi}{2u(1+\tau)^2} \qquad (4-64)$$

命题4-8：

若供应商的研发能力差距中等时，在技术许可模式下，领先供应商1的最优研发努力水平为 x^{LM*}，领先供应商1、落后供应商2的最优利润分别为 π_{s1}^{LM*}、π_{s2}^{LM*}，制造商的最优利润为 π_m^{LM*}。分别由式（4-61）—式（4-64）给出。

在研发能力差距中等时，通过比较分析领先供应商1在技术许可前后的利润大小，得到结论4-5。

结论4-5：

当供应商的研发能力差距中等时，领先供应商1会向落后供应商2许可其研发所得专利。

证明：当供应商的研发能力差距中等时，判断领先供应商1是否会进行专利许可, 需要判断情形 4-8 中领先供应商 1 的最优利润是否大于情形 4-4 中供应商 1 的实际利润, 则:

$$\pi_{s1}^{LM*} - \pi_{s1}^{AGM*} = \frac{u\Phi^2 (1-\tau)^2}{2\tau^2\delta^2} - \frac{\lambda\Phi (1-\tau)}{2\tau (1+\tau)} + \frac{\delta^2\lambda^2}{2u (1+\tau)^2}$$

$$(4-65)$$

由于 $\pi_{s1}^{LM*} - \pi_{s1}^{AGM*} > 0$, 可以得到结论 4-5。

(三) 情形 4-9: 研发能力差距较大时的专利许可 (LH)

第三阶段, 制造商在最终市场进行产品销售, 制造商在最终市场进行产品销售, 制造商的利润函数为:

$$\pi_m^{LH} = \sum_{i=1,2} (p_i^{LH} - c_m) \left(\frac{D_0}{1+\tau} - \frac{p_i^{LH}}{1-\tau^2} + \frac{\tau p_{3-i}^{LH}}{1-\tau^2} + \frac{\delta s_i^{LH}}{1-\tau^2} - \frac{\delta\tau s_{3-i}^{LH}}{1-\tau^2} \right)$$

$$(4-66)$$

求解制造商的利润关于销售价格的最优一阶条件, 可得产品的最优销售价格为:

$$p_i^{LH} = \frac{1}{2} (D_0 + w + \delta s_i^{LH}), \quad i = 1, 2 \qquad (4-67)$$

第二阶段, 供应商 1 进行专利许可, 专利许可合同 (r^{LH}, f^{LH}) 为:

$$r^{LH} = \lambda - \frac{2f^{LH} (1+\tau)}{\Phi + \delta x^{LH}} \qquad (4-68)$$

第一阶段, 供应商 1 进行研发活动。供应商 1 的最优研发努力水平为:

$$x^{LH*} = \frac{\delta\lambda}{u (1+\tau)} \qquad (4-69)$$

此时, 供应商 1 和供应商 2 的最优利润分别为:

$$\pi_{s1}^{LH*} = \frac{\lambda\Phi}{1+\tau} + \frac{\delta^2\lambda^2}{2u (1+\tau)^2} \qquad (4-70)$$

$$\pi_{s2}^{LH*} = 0 \qquad (4-71)$$

制造商的最优利润为:

$$\pi_m^{LH*} = \frac{\Phi^2}{2(1+\tau)} + \frac{\delta^4 \lambda^2}{2u^2(1+\tau)^3} + \frac{\delta^2 \lambda^2 \Phi}{u(1+\tau)^2} \qquad (4-72)$$

命题 4 - 9：

若供应商的研发能力差距较大时，在技术许可模式下，领先供应商 1 的最优研发努力水平为 x^{LH*}，领先供应商 1、落后供应商 2 的最优利润分别为 π_{s1}^{LH*}、π_{s2}^{LH*}，制造商的最优利润为 π_m^{LH*}。分别由式 (4 - 69) —式 (4 - 72) 给出。

当研发能力差距较大时，通过比较技术许可前后领先供应商 1 利润的大小，我们得到结论 4 - 6。

结论 4 - 6：

若供应商的研发能力差距较大时，领先供应商 1 会选择向落后供应商 2 许可其专利。

证明：在供应商的研发能力差距较大时，判断领先供应商 1 是否会进行专利许可，需要判断情形 4 - 9 中领先供应商 1 的最优利润是否大于情形 4 - 6 中领先供应商 1 的实际利润，则：

$$\pi_{s1}^{LH*} - \pi_{s1}^{AGH*} = \frac{\lambda \Phi (1-\tau)}{2(1+\tau)} + \frac{\delta^2 \lambda^2 (3+8\tau+4\tau^2)}{8u(1+\tau)^2} \qquad (4-73)$$

由于 $\pi_{s1}^{LH*} - \pi_{s1}^{AGH*} > 0$，可以得到结论 4 - 6。

三　研发合资体模式（RJV）

若领先供应商 1 与落后供应商 2 共同出资成立研发合资企业（RJV）进行研发活动时，领先供应商 1 提供的知识产权价值为 I（亦即知识产权价值差距），占 RJV 的股份为 $\alpha \in \{\alpha_f, \alpha_r\}$，落后供应商 2 提供资金为 $\frac{I(1-\alpha)}{\alpha}$，占 RJV 的股份为 $1-\alpha$（当领先供应商 1 控股时，领先供应商 1 占的股份为 α_r，当落后供应商 2 控股时，领先供应商 1 占的股份为 α_f，且 $0 < \alpha_f < \frac{1}{2} < \alpha_r < 1$）。RJV 研发结束后的专利

归 RJV 所有，任何一个供应商使用该专利需要向 RJV 支付专利使用费 $rD_i^R + f$。

在研发阶段，RJV 组织开展研发活动，由控股企业以自身利润最大化为目标确定研发努力水平 x^R，研发成本由领先供应商 1 和落后供应商 2 共同分担 [供应商 1 分担 $\frac{\alpha u}{2}(x^R)^2$，落后供应商 2 分担 $\frac{u(1-\alpha)(x^R)^2}{2}$]。在专利使用费的制定阶段，由控股企业决定每个供应商向 RJV 支付的专利使用费 (r, f)。当领先供应商 1 控股 RJV 时（上标 RR），研发资源的控制权没有发生转移，因此，专利使用费 (r^{RR}, f^{RR}) 满足 $\pi_{s2}^{RR} - \pi_{s2}^A = 0$；当落后供应商 2 控股 RJV 时（上标 RF），领先供应商 1 失去了对研发资源的控制权，落后供应商 2 在制定专利使用费时需要考虑无形资产控制权的转移，因此，专利使用费 (r^{RF}, f^{RF}) 需满足 $\pi_{s1}^{RF} - \pi_{s1}^A = \theta I$，且 $\theta \geq 1$。供应商 i 在向 RJV 支付专利使用费 $rD_i^R + f$ 后，获得的实际质量为 $s_i^R = l + x^R$。最后，在产品销售阶段，制造商根据产品质量，以自身利润最大化为目标确定产品销售价格 p_1^R 和 p_2^R。

企业的博弈顺序如图 4 - 7 所示。

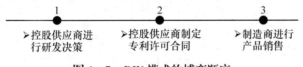

图 4 - 7 RJV 模式的博弈顺序

此时，制造商的利润函数为：

$$\pi_m^R = \sum_{i=1,2}(p_i^R - c_m)\left(\frac{D_0}{1+\tau} - \frac{p_i^R}{1-\tau^2} + \frac{\tau p_{3-i}^R}{1-\tau^2} + \frac{\delta s_i^R}{1-\tau^2} - \frac{\delta \tau s_{3-i}^R}{1-\tau^2}\right)$$

$$(4-74)$$

当领先供应商 1 控股 RJV 时，领先供应商 1 和落后供应商 2 的利润函数分别为：

$$\pi_{s1}^{RR} = (\lambda - r^{RR})\left(\frac{D_0}{1+\tau} - \frac{p_1^{RR}}{1-\tau^2} + \frac{\tau p_2^{RR}}{1-\tau^2} + \frac{\delta s_1^{RR}}{1-\tau^2} - \frac{\delta\tau s_2^{RR}}{1-\tau^2}\right) - \frac{u\alpha_r (x^{RR})^2}{2} -$$

$$f^{RR} + \alpha_r\left[2r^{RR}\sum_{i=1,2}\left(\frac{D_0}{1+\tau} - \frac{p_i^{RR}}{1-\tau^2} + \frac{\tau p_{3-i}^{RR}}{1-\tau^2} + \frac{\delta s_i^{RR}}{1-\tau^2} - \frac{\delta\tau s_{3-i}^{RR}}{1-\tau^2}\right) + 2f^{RR}\right]$$

$$(4-75)$$

$$\pi_{s2}^{RR} = (\lambda - r^{RR})\left(\frac{D_0}{1+\tau} - \frac{p_2^{RR}}{1-\tau^2} + \frac{\tau p_1^{RR}}{1-\tau^2} + \frac{\delta s_2^{RR}}{1-\tau^2} - \frac{\delta\tau s_1^{RR}}{1-\tau^2}\right) - \frac{u(1-\alpha_r)(x^{RR})^2}{2} -$$

$$f^{RR} + (1-\alpha_r)\left[2r^{RR}\sum_{i=1,2}\left(\frac{D_0}{1+\tau} - \frac{p_i^{RR}}{1-\tau^2} + \frac{\tau p_{3-i}^{RR}}{1-\tau^2} + \frac{\delta s_i^{RR}}{1-\tau^2} - \frac{\delta\tau s_{3-i}^{RR}}{1-\tau^2}\right) + 2f^{RR}\right] -$$

$$\frac{I(1-\alpha_r)}{\alpha_r} \qquad (4-76)$$

当落后供应商 2 控股 RJV 时，领先供应商 1 和落后供应商 2 的利润函数分别为：

$$\pi_{s1}^{RF} = (\lambda - r^{RF})\left(\frac{D_0}{1+\tau} - \frac{p_1^{RF}}{1-\tau^2} + \frac{\tau p_2^{RF}}{1-\tau^2} + \frac{\delta s_1^{RF}}{1-\tau^2} - \frac{\delta\tau s_2^{RF}}{1-\tau^2}\right) - \frac{u\alpha_f (x^{RF})^2}{2} -$$

$$f^{RF} + \alpha_f\left[2r^{RF}\sum_{i=1,2}\left(\frac{D_0}{1+\tau} - \frac{p_i^{RF}}{1-\tau^2} + \frac{\tau p_{3-i}^{RF}}{1-\tau^2} + \frac{\delta s_i^{RF}}{1-\tau^2} - \frac{\delta\tau s_{3-i}^{RF}}{1-\tau^2}\right) + 2f^{RF}\right]$$

$$(4-77)$$

$$\pi_{s2}^{RF} = (\lambda - r^{RF})\left(\frac{D_0}{1+\tau} - \frac{p_2^{RF}}{1-\tau^2} + \frac{\tau p_1^{RF}}{1-\tau^2} + \frac{\delta s_2^{RF}}{1-\tau^2} - \frac{\delta\tau s_1^{RF}}{1-\tau^2}\right) - \frac{u(1-\alpha_f)(x^{RF})^2}{2} -$$

$$f^{RF} + (1-\alpha_f)\left[2r^{RF}\sum_{i=1,2}\left(\frac{D_0}{1+\tau} - \frac{p_i^{RF}}{1-\tau^2} + \frac{\tau p_{3-i}^{RF}}{1-\tau^2} + \frac{\delta s_i^{RF}}{1-\tau^2} - \frac{\delta\tau s_{3-i}^{RF}}{1-\tau^2}\right) + 2f^{RF}\right] -$$

$$\frac{I(1-\alpha_f)}{\alpha_f} \qquad (4-78)$$

（一）研发能力差距较小时的 RJV

1. 情形 4 – 10：研发能力差距较小且领先供应商 1 控股（RRL）

第三阶段，制造商在最终市场进行产品销售，制造商的利润函数为：

$$\pi_m^{RRL} = \sum_{i=1,2} (p_i^{RRL} - c_m) \left(\frac{D_0}{1+\tau} - \frac{p_i^{RRL}}{1-\tau^2} + \frac{\tau p_{3-i}^{RRL}}{1-\tau^2} + \frac{\delta s_i^{RRL}}{1-\tau^2} - \frac{\delta \tau s_{3-i}^{RRL}}{1-\tau^2} \right)$$

$$(4-79)$$

求解制造商的利润函数关于销售价格的最优一阶条件，可得最优销售价格为：

$$p_i^{RRL} = \frac{1}{2} (D_0 + w + \delta s_i^{RRL}), \ i = 1, \ 2 \qquad (4-80)$$

第二阶段，由控股企业供应商 1 制定专利使用费。供应商 1 和供应商 2 的利润函数分别为：

$$\pi_{s1}^{RRL} = \frac{(\Phi + \delta x^{RRL})[\lambda + r^{RRL}(2\alpha_r - 1)]}{2(1+\tau)} - \frac{u\alpha_r (x^{RRL})^2}{2} + f^{RRL}(2\alpha_r - 1)$$

$$(4-81)$$

$$\pi_{s2}^{RRL} = \frac{(\Phi + \delta x^{RRL})[\lambda - r^{RRL}(2\alpha_r - 1)]}{2(1+\tau)} - \frac{u(1-\alpha_r)(x^{RRL})^2}{2} -$$

$$\frac{I(1-\alpha_r)}{\alpha_r} - f^{RRL}(2\alpha_r - 1)$$

$$(4-82)$$

当供应商 1 控股 RJV 时，研发资源的控制权没有发生转移，因此，专利使用费 (r^{RRL}, f^{RRL}) 满足 $\pi_{s2}^{RRL} - \pi_{s2}^{ANL} = 0$，则：

$$r^{RRL} = \frac{\delta \lambda x^{RRL} - (1+\tau)[u(x^{RRL})^2(1-\alpha_r) + 2f^{RRL}(2\alpha_r - 1)]}{(2\alpha_r - 1)(\Phi + \delta x^{RRL})} +$$

$$\frac{\tau \delta^2 \lambda^2}{2u(1-\tau)(1-\tau^2)(2\alpha_r - 1)(\Phi + \delta x^{RRL})} -$$

$$\frac{2I(1+\tau)(1-\alpha_r)}{\alpha_r(2\alpha_r - 1)(\Phi + \delta x^{RRL})} \qquad (4-83)$$

第一阶段，RJV 组织开展研发活动，但是由控股企业供应商 1 决定研发努力水平，供应商 1 的利润函数为：

$$\pi_{s1}^{RRL} = \frac{\lambda\ (\Phi + 2\delta x^{RRL})}{2\ (1+\tau)} + \frac{\tau\delta^2\lambda^2}{4u\ (1-\tau^2)^2} - \frac{1}{2}u\ (x^{RRL})^2 - \frac{I\ (1-\alpha_1)}{\alpha_1}$$

$$(4-84)$$

求解可得，RJV 的最优研发努力水平为：

$$x^{RRL*} = \frac{\delta\lambda}{u\ (1+\tau)} \qquad (4-85)$$

则，供应商 1 和供应商 2 的最优利润分别为：

$$\pi_{s1}^{RRL*} = \frac{\lambda\Phi}{2\ (1+\tau)} + \frac{\delta^2\lambda^2}{2u\ (1+\tau)^2} + \frac{\tau\delta^2\lambda^2}{4u\ (1-\tau^2)^2} - \frac{I\ (1-\alpha_r)}{\alpha_r}$$

$$(4-86)$$

$$\pi_{s2}^{RRL*} = \frac{\lambda\Phi}{2\ (1+\tau)} - \frac{\tau\delta^2\lambda^2}{4u\ (1-\tau^2)^2} \qquad (4-87)$$

制造商的最优利润为：

$$\pi_m^{RRL*} = \frac{\Phi^2}{2\ (1+\tau)} + \frac{\delta^4\lambda^2}{2u^2\ (1+\tau)^3} + \frac{\delta^2\lambda^2\Phi}{u\ (1+\tau)^2} \qquad (4-88)$$

命题 4 - 10：

当供应商的研发能力差距较小时，若领先供应商 1 控股 RJV，RJV 的最优研发努力水平为 x^{RRL*}，领先供应商 1、落后供应商 2 的最优利润分别为 π_{s1}^{RRL*}、π_{s2}^{RRL*}，制造商的最优利润为 π_m^{RRL*}。分别由式（4-85）—式（4-88）给出。

2. 情形 4 - 11：研发能力差距较小且落后供应商 2 控股（RFL）

第三阶段，制造商在最终市场进行产品销售。制造商的利润函数为：

$$\pi_m^{RFL} = \sum_{i=1,2} (p_i^{RFL} - c_m) \left(\frac{D_0}{1+\tau} - \frac{p_i^{RFL}}{1-\tau^2} + \frac{\tau p_{3-i}^{RFL}}{1-\tau^2} + \frac{\delta s_i^{RFL}}{1-\tau^2} - \frac{\delta\tau s_{3-i}^{RFL}}{1-\tau^2} \right)$$

$$(4-89)$$

求解制造商的利润函数关于销售价格的最优一阶条件，可得最优销售价格为：

$$p_i^{RFL} = \frac{1}{2} \ (D_0 + w + \delta s_i^{RFL}), \ \ i = 1, \ 2 \qquad (4-90)$$

第二阶段，由控股企业供应商 2 制定专利使用费。供应商 1 和供应商 2 的利润函数分别为：

$$\pi_{s1}^{RFL} = \frac{(\Phi + \delta x^{RFL}) \ [\lambda - r^{RFL} \ (1 - 2\alpha_2)]}{2 \ (1 + \tau)} - \frac{\alpha_f u \ (x^{RFL})^2}{2} - f^{RFL} \ (1 - 2\alpha_f)$$
$$(4-91)$$

$$\pi_{s2}^{RFL} = \frac{(\Phi + \delta x^{RFL}) \ [\lambda + r^{RFL} \ (1 - 2\alpha_f)]}{2 \ (1 + \tau)} - \frac{u \ (x^{RFL})^2 \ (1 - \alpha_f)}{2} -$$
$$\frac{I \ (1 - \alpha_f)}{\alpha_f} + f^{RFL} \ (1 - 2\alpha_f)$$
$$(4-92)$$

当供应商 2 控股 RJV 时，供应商 1 失去了对研发资源的控制权，供应商 2 在制定专利使用费时需要考虑无形资产控制权的转移，因此，专利使用费（r^{RFL}，f^{RFL}）需满足 $\pi_{s1}^{RFL} - \pi_{s1}^{ANL} = \theta I$，且 $\theta \geqslant 1$，则：

$$r^{RFL} = \frac{\delta \lambda x^{RFL} - \ (1 + \tau) \ [\alpha_f u \ (x^{RFL})^2 + 2f^{RFL} \ (1 - 2\alpha_f) \ + 2\theta I]}{(1 - 2\alpha_f) \ (\Phi + \delta x^{RFL})} -$$
$$\frac{\delta^2 \lambda^2}{4u \ (1 - \tau) \ (1 - \tau^2) \ (1 - 2\alpha_f) \ (\Phi + \delta x^{RFL})}$$
$$(4-93)$$

第一阶段，RJV 组织开展研发活动，但是由控股企业供应商 2 决定研发努力水平，供应商 2 的利润函数为：

$$\pi_{s2}^{RFL} = \frac{\lambda \ (\Phi + 2\delta x^{RFL})}{2 \ (1 + \tau)} - \frac{\delta^2 \lambda^2}{8u \ (1 - \tau^2)^2} - \frac{1}{2} u \ (x^{RFL})^2 - \frac{I \ (1 - \alpha_f + \theta \alpha_f)}{\alpha_f}$$
$$(4-94)$$

求解可得，RJV 的最优研发努力水平为：

$$x^{RFL*} = \frac{\delta \lambda}{u \ (1 + \tau)} \qquad (4-95)$$

则，供应商 1 和供应商 2 的最优利润分别为：

$$\pi_{s1}^{RFL*} = \frac{\lambda \Phi}{2 (1 + \tau)} + \frac{\delta^2 \lambda^2}{8u (1 - \tau^2)^2} + \theta I \qquad (4-96)$$

$$\pi_{s2}^{RFL*} = \frac{\lambda \Phi}{2 (1 + \tau)} - \frac{\delta^2 \lambda^2}{8u (1 - \tau^2)^2} + \frac{\delta^2 \lambda^2}{2u (1 + \tau)^2} - I\left(\frac{1 - \alpha_f + \theta \alpha_f}{\alpha_f}\right)$$
$$(4-97)$$

制造商的最优利润为：

$$\pi_m^{RFL*} = \frac{\Phi^2}{2 (1 + \tau)} + \frac{\delta^4 \lambda^2}{2u^2 (1 + \tau)^3} + \frac{\delta^2 \lambda^2 \Phi}{u (1 + \tau)^2} \qquad (4-98)$$

命题 4 – 11：

当供应商的研发能力差距较小时，若落后供应商 2 控股 RJV，RJV 的最优研发努力水平为 x^{RFL*}，领先供应商 1、落后供应商 2 的最优利润分别为 π_{s1}^{RFL*}、π_{s2}^{RFL*}，制造商的最优利润为 π_m^{RFL*}。分别由式（4 – 95）—式（4 – 98）给出。

3. 研发能力差距较小时的 RJV 模式选择

结论 4 – 7：

在供应商的研发能力差距较小时，令：$I_l = \frac{\delta^2 \lambda^2 (3 - 6\tau + 4\tau^2)}{8u (1 - \tau^2)^2}$，

$I_{LL} = \frac{\alpha_f I_l}{1 + \alpha_f (\theta - 1)}$，$I_{LM} = \frac{\alpha_r I_l}{1 + \alpha_r (\theta - 1)}$，$I_{LH} = \frac{\alpha_r I_l}{1 - \alpha_r}$，则：

（1）当知识产权价值差距较大（即 $I \geqslant I_{LH}$）时，供应商之间不会成立 RJV，领先供应商 1 将进行研发领先策略。

（2）当知识产权价值差距较小（即 $I \leqslant I_{LL}$）时，供应商之间会成立 RJV 进行合作研发，且落后供应商 2 将控股 RJV。

（3）当知识产权价值差距满足 $I_{LL} < I < I_{LH}$ 时，供应商之间会成立 RJV 进行合作研发，且领先供应商 1 将控股 RJV。

证明：首先，我们判断领先供应商 1 是否会成立 RJV。当领先供应商 1 与落后供应商 2 成立 RJV 且落后供应商 2 控股 RJV 时，由于

$\pi_{s1}^{RFL*} - (\pi_{s1}^{ANL*} + I) = I(\theta - 1)$，则领先供应商 1 可以获得一笔额外的收入，因此领先供应商 1 会同意落后供应商 2 控股 RJV。

当领先供应商 1 控股 RJV 时，则：

$$\pi_{s1}^{RRL*} - \pi_{s1}^{ANL*} = I_l - I \frac{1 - \alpha_r}{\alpha_r} \qquad (4-99)$$

由式（4-99）可知，当 $I \geqslant I_{LH}$ 时，领先供应商 1 单独进行非激烈型研发；当 $I < I_{LH}$ 时，领先供应商 1 与落后供应商 2 成立 RJV。

然后，当领先供应商 1 与落后供应商 2 共同成立 RJV 时，我们判断落后供应商 2 是否会控股 RJV。此时，需要比较情形 4-11 中落后供应商 2 的最优利润与情形 4-10 中落后供应商 2 的最优利润的大小，即：

$$\pi_{s2}^{RFL*} - \pi_{s2}^{RRL*} = I_l - I\left(\frac{1 - \alpha_f + \theta \alpha_f}{\alpha_f}\right) \qquad (4-100)$$

由式（4-100）可知，当 $I \leqslant I_{LL}$ 时，领先供应商 1 与落后供应商 2 共同成立 RJV 时，落后供应商 2 会选择控股 RJV。

由式（4-99）和式（4-100）可知，当 $I_{LL} < I < I_{LH}$ 时，领先供应商 1 与落后供应商 2 共同成立 RJV，且领先供应商 1 控股 RJV。

其次，当领先供应商 1 与落后供应商 2 成立 RJV 且领先供应商 1 控股 RJV 时，我们判断领先供应商 1 是否主动控股 RJV。比较情形 4-10 中领先供应商 1 的最优利润与情形 4-11 中领先供应商 1 的最优利润的大小，即：

$$\pi_{s1}^{RRL*} - \pi_{s1}^{RFL*} = I_l - \frac{I}{\alpha_r}\left[1 + \alpha_r(\theta - 1)\right] \qquad (4-101)$$

由式（4-101）可知，当 $I_{LL} < I \leqslant I_{LM}$ 时，领先供应商 1 控股 RJV 时的领先供应商 1 的最优利润比落后供应商 2 控股 RJV 时领先供应商 1 的最优利润高，领先供应商 1 会主动控股 RJV；当 $I_{LM} < I < I_{LH}$ 时，领先供应商 1 控股 RJV 时的领先供应商 1 的最优利润比落后供应商 2 控

股 RJV 时领先供应商 1 的最优利润低，但仍然比领先供应商 1 进行独立非激烈型研发时的实际利润高，此时领先供应商 1 被动控股 RJV。

最后，我们对上述结论进行整理，可以得出供应商的研发能力差距较小时，RJV 的合作模式选择结果如图 4 - 8 所示。

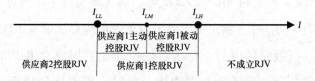

图 4 - 8　研发能力差距较小时的 RJV 模式

（二）研发能力差距中等时的 RJV

1. 情形 4 - 12：研发能力差距中等且领先供应商 1 控股（RRM）

第三阶段，制造商在最终市场进行产品销售。制造商的利润函数为：

$$\pi_m^{RRM} = \sum_{i=1,2} (p_i^{RRM} - c_m) \left(\frac{D_0}{1+\tau} - \frac{p_i^{RRM}}{1-\tau^2} + \frac{\tau p_{3-i}^{RRM}}{1-\tau^2} + \frac{\delta s_i^{RRM}}{1-\tau^2} - \frac{\delta \tau s_{3-i}^{RRM}}{1-\tau^2} \right)$$

$$(4-102)$$

求解制造商的利润函数关于销售价格的最优一阶条件，可得最优销售价格为：

$$p_i^{RRM} = \frac{1}{2} (D_0 + w + \delta s_i^{RRM}), \quad i = 1, \ 2 \qquad (4-103)$$

第二阶段，由控股企业供应商 1 制定专利使用费。供应商 1 和供应商 2 的利润函数分别为：

$$\pi_{s1}^{RRM} = \frac{[\lambda + r^{RRM}(2\alpha_r - 1)](\Phi + \delta x^{RRM})}{2(1+\tau)} - \frac{\alpha_r u (x^{RRM})^2}{2} + f^{RRM}(2\alpha_r - 1)$$

$$(4-104)$$

$$\pi_{s2}^{RRM} = \frac{\left[\lambda - r^{RRM}\left(2\alpha_r - 1\right)\right]\left(\Phi + \delta x^{RRM}\right)}{2\left(1+\tau\right)} - \frac{u\left(x^{RRM}\right)^2\left(1-\alpha_r\right)}{2} -$$

$$f^{RRM}\left(2\alpha - 1\right) - \frac{I\left(1-\alpha_r\right)}{\alpha_r}$$

$$(4-105)$$

专利使用费为 $\left(r^{RRM}, f^{RRM}\right)$ 满足 $\pi_{s2}^{RRM} - \pi_{s2}^{AGM} = 0$，则：

$$r^{RRM} = \frac{\lambda}{2\alpha_r - 1} - \frac{\left(1+\tau\right)\left[u\left(x^{RRM}\right)^2\left(1-\alpha_r\right) - 2f^{RRM}\left(2\alpha_r - 1\right) - \dfrac{2I\left(1-\alpha_r\right)}{\alpha_r}\right]}{\left(2\alpha - 1\right)\left(\Phi + \delta x^{RRM}\right)}$$

$$(4-106)$$

第一阶段，RJV 组织开展研发活动，但是由控股企业决定研发努力程度，供应商 1 的利润函数为：

$$\pi_{s1}^{RRM} = \frac{\lambda\left(\Phi + \delta x^{RRM}\right)}{1+\tau} - \frac{1}{2}u\left(x^{RRM}\right)^2 - \frac{I\left(1-\alpha_r\right)}{\alpha_r} \quad (4-107)$$

求解可得，RJV 的最优研发努力水平为：

$$x^{RRM*} = \frac{\delta\lambda}{u\left(1+\tau\right)} \quad (4-108)$$

则，供应商 1 和供应商 2 的最优利润分别为：

$$\pi_{s1}^{RRM*} = \frac{\lambda\Phi}{1+\tau} + \frac{\delta^2\lambda^2}{2u\left(1+\tau\right)^2} - \frac{I\left(1-\alpha_r\right)}{\alpha_r} \quad (4-109)$$

$$\pi_{s2}^{RRM*} = 0 \quad (4-110)$$

制造商的最优利润为：

$$\pi_m^{RRM*} = \frac{\Phi^2}{2\left(1+\tau\right)} + \frac{\delta^4\lambda^2}{2u^2\left(1+\tau\right)^3} + \frac{\delta^2\lambda^2\Phi}{u\left(1+\tau\right)^2} \quad (4-111)$$

命题 4-12：

当供应商的研发能力差距中等时，若领先供应商 1 控股 RJV，RJV 的最优研发努力水平为 x^{RRM*}，领先供应商 1、落后供应商 2 的最优利润分别为 π_{s1}^{RRM*}、π_{s2}^{RRM*}，制造商的最优利润为 π_m^{RRM*}。分别由式（4-108）—式（4-111）给出。

2. 情形 4-13：研发能力差距中等且落后供应商 2 控股（RFM）

第三阶段，制造商在最终市场进行产品销售。制造商的利润函数为：

$$\pi_m^{RFM} = \sum_{i=1,2} (p_i^{RFM} - c_m) \left(\frac{D_0}{1+\tau} - \frac{p_i^{RFM}}{1-\tau^2} + \frac{\tau p_{3-i}^{RFM}}{1-\tau^2} + \frac{\delta s_i^{RFM}}{1-\tau^2} - \frac{\delta\tau s_{3-i}^{RFM}}{1-\tau^2} \right)$$

$$(4-112)$$

求解制造商的利润函数关于销售价格的最优一阶条件，可得最优销售价格为：

$$p_i^{RFM} = \frac{1}{2} (D_0 + w + \delta s_i^{RFM}), \ i = 1, \ 2 \qquad (4-113)$$

第二阶段，由控股企业供应商 2 制定专利使用费。供应商 1 和供应商 2 的利润函数分别为：

$$\pi_{s1}^{RFM} = \frac{[\lambda - r^{RFM}(1-2\alpha_f)](\Phi + \delta x^{RFM})}{2(1+\tau)} - \frac{\alpha_f u (x^{RFM})^2}{2} - f^{RFM}(1-2\alpha_f)$$

$$(4-114)$$

$$\pi_{s2}^{RFM} = \frac{[\lambda + r^{RFM} (1-2\alpha_f)] (\Phi + \delta x^{RFM})}{2 (1+\tau)} - \frac{u (x^{RFM})^2 (1-\alpha_f)}{2} +$$

$$f^{RFM} (1-2\alpha_f) - \frac{I (1-\alpha_f)}{\alpha_f}$$

$$(4-115)$$

专利使用费为（r^{RFM}, f^{RFM}）满足 $\pi_{s1}^{RFM} - \pi_{s1}^{AGM} = \theta I$，则：

$$r^{RFM} = \frac{\delta\lambda x^{RFM} - \frac{\lambda\Phi}{\tau} - (1+\tau) [\alpha_f u (x^{RFM})^2 + 2f^{RFM} (1-2\alpha_f) + 2\theta I]}{(1-2\alpha_f) (\Phi + \delta x^{RFM})} +$$

$$\frac{u\Phi^2 (1+\tau) (1-\tau)^2}{\tau^2\delta^2 (1-2\alpha_f) (\Phi + \delta x^{RFM})}$$

$$(4-116)$$

第一阶段，RJV 组织开展研发活动，但是由控股企业供应商 2 决定研发努力水平，供应商 2 的利润函数为：

$$\pi_{s2}^{RFM} = \frac{u\Phi^2(1-\tau)^2}{2\tau^2\delta^2} - \frac{\lambda\Phi(1-\tau)}{2\tau(1+\tau)} + \frac{\delta\lambda x^{RFM}}{(1+\tau)} - \frac{1}{2}u(x^{RFM})^2 -$$

$$I\left(\frac{1-\alpha_f+\theta\alpha_f}{\alpha_f}\right)$$

$$(4-117)$$

求解可得，RJV 的最优研发努力水平为：

$$x^{RFM*} = \frac{\delta\lambda}{u(1+\tau)} \qquad (4-118)$$

则，供应商 1 和供应商 2 的最优利润分别为：

$$\pi_{s1}^{RFM*} = \frac{\lambda\Phi}{2\tau} - \frac{u\Phi^2(1-\tau)^2}{2\tau^2\delta^2} + \theta I \qquad (4-119)$$

$$\pi_{s2}^{RFM*} = \frac{u\Phi^2(1-\tau)^2}{2\tau^2\delta^2} - \frac{\lambda\Phi(1-\tau)}{2\tau(1+\tau)} + \frac{\delta^2\lambda^2}{2u(1+\tau)^2} - \frac{I(1-\alpha_f+\theta\alpha_f)}{\alpha_f}$$

$$(4-120)$$

制造商的最优利润为：

$$\pi_m^{RFM*} = \frac{\Phi^2}{2(1+\tau)} + \frac{\delta^4\lambda^2}{2u^2(1+\tau)^3} + \frac{\Phi\delta^2\lambda^2}{u(1+\tau)^2} \qquad (4-121)$$

命题 4 - 13：

当供应商的研发能力差距中等时，若落后供应商 2 控股 RJV，RJV 的最优研发努力水平为 x^{RFM*}，领先供应商 1、落后供应商 2 的最优利润分别为 π_{s1}^{RFM*}、π_{s2}^{RFM*}，制造商的最优利润为 π_m^{RFM*}。分别由式（4 - 118）—式（4 - 121）给出。

3. 研发能力差距中等时的 RJV 模式选择

通过比较 RJV 模式和研发领先模式中企业利润的大小，可以得到结论 4 - 8。

结论 4 - 8：

在供应商的研发能力差距中等时，令： $I_m = \dfrac{1}{2u}\Big[\dfrac{u^2\Phi^2\,(1-\tau)^2}{\tau^2\delta^2} -$

$\dfrac{u\lambda\Phi\,(1-\tau)}{\tau\,(1+\tau)} + \dfrac{\delta^2\lambda^2}{(1+\tau)^2}\Big]$，$I_{ML} = \dfrac{\alpha_f I_m}{1+\alpha_f\,(\theta-1)}$，$I_{MM} = \dfrac{\alpha_r I_m}{1+\alpha_r\,(\theta-1)}$，

$I_{MH} = \dfrac{\alpha_r I_m}{1-\alpha_r}$，则：

（1）当知识产权价值差距较大（即 $I \geqslant I_{MH}$）时，供应商之间不会成立 RJV，领先供应商 1 将进行研发领先策略；

（2）当知识产权价值差距较小（即 $I \leqslant I_{ML}$）时，供应商会成立 RJV 进行合作研发，且落后供应商 2 将控股 RJV；

（3）当知识产权价值差距满足 $I_{ML} < I < I_{MH}$ 时，供应商会成立 RJV 进行合作研发，且领先供应商 1 将控股 RJV。

证明：首先，我们判断领先供应商 1 是否会成立 RJV。当领先供应商 1 与落后供应商 2 成立 RJV 且落后供应商 2 控股 RJV 时，由于，$\pi_{s1}^{RFM*} - (\pi_{s1}^{ANM*} + I) = I\,(\theta-1)$，则领先供应商 1 可以获得一笔额外的收入，因此领先供应商 1 会成立 RJV。当领先供应商 1 与落后供应商 2 成立 RJV 且领先供应商 1 控股 RJV 时，则：

$$\pi_{s1}^{RRM*} - \pi_{s1}^{ANM*} = I_m - \frac{I\,(1-\alpha_r)}{\alpha_r} \tag{4-122}$$

由式（4-122）可知，当 $I \geqslant I_{MH}$ 时，领先供应商 1 单独进行非激烈型创新；当 $I < I_{MH}$ 时，领先供应商 1 与落后供应商 2 成立 RJV。

然后，当领先供应商 1 与落后供应商 2 共同成立 RJV 时，我们判断落后供应商 2 是否会控股 RJV。此时，需要比较情形 4 - 11 中落后供应商 2 的最优利润与情形 4 - 10 中落后供应商 2 的最优利润的大小，即：

$$\pi_{s2}^{RFM*} - \pi_{s2}^{RRM*} = I_m - \frac{I\,[1+\alpha_f\,(\theta-1)]}{\alpha_f} \tag{4-123}$$

由式（4-123）可知，当 $I \leqslant I_{ML}$ 时，领先供应商 1 与落后供应商 2 共同成立 RJV 时，落后供应商 2 会选择控股 RJV。

由式（4-122）和式（4-123）可知，当 $I_{ML} < I < I_{MH}$ 时，领先供应商 1 与落后供应商 2 共同成立 RJV，且领先供应商 1 控股 RJV。

其次，当领先供应商 1 与落后供应商 2 成立 RJV 且领先供应商 1 控股 RJV 时，我们判断领先供应商 1 是否主动控股 RJV。比较情形 4-12 中领先供应商 1 的最优利润与情形 4-13 中领先供应商 1 的最优利润的大小，即：

$$\pi_{s1}^{RRM*} - \pi_{s1}^{RFM*} = I_m - \frac{I}{\alpha_r} \left[1 + \alpha_r \left(\theta - 1 \right) \right] \qquad (4-124)$$

由式（4-124）可知，当 $I_{ML} < I \leqslant I_{MM}$ 时，领先供应商 1 控股 RJV 时的领先供应商 1 的利润比落后供应商 2 控股 RJV 时领先供应商 1 的利润高，领先供应商 1 会主动控股 RJV；当 $I_{MM} < I \leqslant I_{MH}$ 时，领先供应商 1 控股 RJV 时的领先供应商 1 的最优利润比落后供应商 2 控股 RJV 时领先供应商 1 的最优利润低，但仍然比领先供应商 1 进行独立非激烈型创新时的实际利润高，此时领先供应商 1 被迫控股 RJV。

最后，我们将上述结论进行整理，可以得出，供应商的研发能力差距中等时，RJV 的合作模式选择结果如图 4-9 所示。

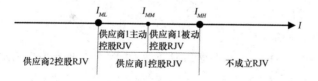

图 4-9 研发能力差距中等时的 RJV 模式

（三）研发能力差距较大时的 RJV

1. 情形 4-14：研发能力差距较大且领先供应商 1 控股（RRH）

第三阶段，制造商在最终市场进行产品销售。制造商的利润函数为：

$$\pi_m^{RRH} = \sum_{i=1,2} (p_i^{RRH} - c_m) \left(\frac{D_0}{1+\tau} - \frac{p_i^{RRH}}{1-\tau^2} + \frac{\tau p_{3-i}^{RRH}}{1-\tau^2} + \frac{\delta s_i^{RRH}}{1-\tau^2} - \frac{\delta \tau s_{3-i}^{RRH}}{1-\tau^2} \right)$$

$$(4-125)$$

求解制造商的利润函数关于销售价格的最优一阶条件，可得最优销售价格为：

$$p_i^{RRH} = \frac{1}{2} (D_0 + w + \delta s_i^{RRH}), \quad i = 1, 2 \qquad (4-126)$$

第二阶段，由控股企业供应商 1 制定专利使用费，供应商 1 和供应商 2 的利润函数分别为：

$$\pi_{s1}^{RRH} = \frac{[\lambda + r^{RRH} (2\alpha_r - 1)] (\Phi + \delta x^{RRH})}{2 (1+\tau)} - \frac{\alpha_r u (x^{RRH})^2}{2} + f^{RRH} (2\alpha_r - 1)$$

$$(4-127)$$

$$\pi_{s2}^{RRH} = \frac{[\lambda - r^{RRH} (2\alpha_r - 1)] (\Phi + \delta x^{RRH})}{2 (1+\tau)} - \frac{u (x^{RRH})^2 (1-\alpha_r)}{2} -$$

$$f^{RRH} (2\alpha - 1) - \frac{I (1-\alpha_r)}{\alpha_r} \qquad (4-128)$$

专利使用费为 (r^{RRM}, f^{RRM}) 满足 $\pi_{s2}^{RRM} - \pi_{s2}^{AGM} = 0$，则：

$$r^{RRH} = \frac{\lambda}{2\alpha_r - 1} - \frac{(1+\tau) [u (1-\alpha_r) (x^{RRH})^2 + 2f^{RRH} (2\alpha_r - 1)]}{(2\alpha_r - 1) (\Phi + \delta x^{RRH})} -$$

$$\frac{2I (1-\alpha_r) (1+\tau)}{\alpha_r (2\alpha_r - 1) (\Phi + \delta x^{RRH})} \qquad (4-129)$$

第一阶段，RJV 组织开展研发活动，RJV 的最优研发努力水平为：

$$x^{RRH*} = \frac{\delta \lambda}{u (1+\tau)} \qquad (4-130)$$

此时，供应商 1 和供应商 2 的最优利润分别为：

$$\pi_{s1}^{RRH*} = \frac{\lambda \Phi}{1+\tau} + \frac{\delta^2 \lambda^2}{2u (1+\tau)^2} - \frac{I (1-\alpha_r)}{\alpha_r} \qquad (4-131)$$

$$\pi_{s2}^{RRH*} = 0 \qquad (4-132)$$

制造商的最优利润为：

$$\pi_m^{RRH*} = \frac{\Phi^2}{2(1+\tau)} + \frac{\delta^4\lambda^2}{2u^2(1+\tau)^3} + \frac{\Phi\delta^2\lambda^2}{u(1+\tau)^2} \quad (4-133)$$

命题 4 – 14：

当供应商的研发能力差距较大时，若领先供应商 1 控股 RJV，RJV 的最优研发努力水平为 x^{RRH*}，领先供应商 1、落后供应商 2 的最优利润分别为 π_{s1}^{RRH*}、π_{s2}^{RRH*}，制造商的最优利润为 π_m^{RRH*}。分别由式（4 – 130）—式（4 – 133）给出。

2. 情形 4 – 15：研发能力差距较大且落后供应商 2 控股（RFH）

第三阶段，制造商在最终市场进行产品销售。制造商的利润函数为：

$$\pi_m^{RFH} = \sum_{i=1,2}(p_i^{RFH} - c_m)\left(\frac{D_0}{1+\tau} - \frac{p_i^{RFH}}{1-\tau^2} + \frac{\tau p_{3-i}^{RFH}}{1-\tau^2} + \frac{\delta s_i^{RFH}}{1-\tau^2} - \frac{\delta\tau s_{3-i}^{RFH}}{1-\tau^2}\right)$$

$$(4-134)$$

求解制造商的利润函数关于销售价格的最优一阶条件，可得最优销售价格为：

$$p_i^{RFH} = \frac{1}{2}(D_0 + w + \delta s_i^{RFH}), \quad i=1, 2 \quad (4-135)$$

第二阶段，由控股企业制定专利使用费。供应商 1 和供应商 2 的利润函数分别为：

$$\pi_{s1}^{RFH} = \frac{(\Phi + \delta x^{RFH})[\lambda - r^{RFH}(1-2\alpha_f)]}{2(1+\tau)} - \frac{\alpha_f u(x^{RFH})^2}{2} - f^{RFH}(1-2\alpha_f)$$

$$(4-136)$$

$$\pi_{s2}^{RFH} = \frac{(\Phi + \delta x^{RFH})[\lambda + r^{RFH}(1-2\alpha_f)]}{2(1+\tau)} - \frac{u(x^{RFH})^2(1-\alpha_f)}{2} +$$

$$f^{RFH}(1-2\alpha_f) - \frac{I(1-\alpha_f)}{\alpha_f} \quad (4-137)$$

专利使用费为 (r^{RFH}, f^{RFH}) 满足 $\pi_{s1}^{RFH} - \pi_{s1}^{AGH} = \theta I$，则：

$$r^{RFH} = \frac{\delta\lambda x^{RFH} - \tau\lambda\Phi - (1+\tau)\left[2f^{RFH}(1-2\alpha_f) + 2\theta I + \alpha_f u\,(x^{RFH})^2 + \dfrac{\delta^2\lambda^2}{4u}\right]}{(1-2\alpha_f)(\Phi + \delta x^{RFH})}$$

$$(4-138)$$

第一阶段，RJV 组织开展研发活动，但是由控股企业供应商 2 决定研发努力水平，供应商 2 的利润函数为：

$$\pi_{s2}^{RFH} = \frac{\lambda\Phi\,(1-\tau)}{2\,(1+\tau)} + \frac{\delta\lambda x^{RFH}}{1+\tau} - \frac{\delta^2\lambda^2}{8u} - \frac{1}{2}u\,(x^{RFH})^2 - \frac{I\,(1-\alpha_f+\theta\alpha_f)}{\alpha_f}$$

$$(4-139)$$

求解可得，RJV 的最优研发努力水平为：

$$x^{RFH*} = \frac{\delta\lambda}{u\,(1+\tau)} \qquad (4-140)$$

则，供应商 1 和供应商 2 的最优利润分别为：

$$\pi_{s1}^{RFH*} = \frac{\lambda\Phi}{2} + \frac{\delta^2\lambda^2}{8u} + \theta I \qquad (4-141)$$

$$\pi_{s2}^{RFH*} = \frac{\lambda\Phi\,(1-\tau)}{2\,(1+\tau)} + \frac{\delta^2\lambda^2\,(3-2\tau-\tau^2)}{8u\,(1+\tau)^2} - I\left(\frac{1-\alpha_f+\theta\alpha_f}{\alpha_f}\right)$$

$$(4-142)$$

制造商的最优利润为：

$$\pi_m^{RFH*} = \frac{\Phi^2}{2\,(1+\tau)} + \frac{\delta^4\lambda^2}{2u^2\,(1+\tau)^3} + \frac{2\delta^2\lambda^2\Phi}{2u\,(1+\tau)^2} \qquad (4-143)$$

命题 4-15：

当供应商的研发能力差距较大时，若落后供应商 2 控股 RJV，RJV 的最优研发努力水平为 x^{RFH*}，领先供应商 1、落后供应商 2 的最优利润分别为 π_{s1}^{RFH*}、π_{s2}^{RFH*}，制造商的最优利润为 π_m^{RFH*}。分别由式 (4-140) 一式 (4-143) 给出。

3. 研发能力差距较大时的 RJV 模式选择

结论 4-9：

在供应商的研发能力差距较大时，令：$I_h = \dfrac{\lambda\,(1-\tau)}{2\,(1+\tau)}\left[\Phi + \dfrac{\delta^2\lambda\,(3+\tau)}{4u\,(1+\tau)}\right]$，

$$I_{HL} = \frac{\alpha_f I_h}{1 + \alpha_f (\theta - 1)}, \quad I_{HM} = \frac{\alpha_r I_h}{1 + \alpha_r (\theta - 1)}, \quad I_{HH} = \frac{\alpha_r I_h}{1 - \alpha_r}, \quad \text{则：}$$

（1）当知识产权价值差距较大（即 $I \geqslant I_{HH}$）时，供应商之间不会成立 RJV，领先供应商 1 将进行研发领先策略；

（2）当知识产权价值差距较小（即 $I \leqslant I_{HL}$）时，供应商会成立 RJV 进行合作研发，且落后供应商 2 将控股 RJV；

（3）当知识产权价值差距满足 $I_{HL} < I < I_{HH}$ 时，供应商会成立 RJV 进行合作研发，且领先供应商 1 将控股 RJV。

证明：首先，我们判断领先供应商 1 是否会成立 RJV。当领先供应商 1 与落后供应商 2 成立 RJV 且落后供应商 2 控股 RJV 时，由于，$\pi_{s1}^{RFH*} - (\pi_{s1}^{AGH*} + I) = I(\theta - 1)$，则领先供应商 1 可以获得一笔额外的收入，因此领先供应商 1 会成立 RJV。当领先供应商 1 与落后供应商 2 成立 RJV 且领先供应商 1 控股 RJV 时，则：

$$\pi_{s1}^{RRH*} - \pi_{s1}^{AGH*} = I_h - I \frac{1 - \alpha_r}{\alpha_r} \qquad (4 - 144)$$

由式（4 - 144）可知，当 $I \geqslant I_{HH}$ 时，领先供应商 1 单独进行非激烈型创新；当 $I < I_{HH}$ 时，领先供应商 1 与落后供应商 2 成立 RJV。

然后，当领先供应商 1 与落后供应商 2 共同成立 RJV 时，我们判断落后供应商 2 是否会控股 RJV。此时，需要比较情形 4 - 14 中落后供应商 2 的最优利润与情形 4 - 15 中落后供应商 2 的最优利润的大小，即：

$$\pi_{s2}^{RFH*} - \pi_{s2}^{RRH*} = I_m - \frac{I[1 + \alpha_f (\theta - 1)]}{\alpha_f} \qquad (4 - 145)$$

由式（4 - 145）可知，当 $I \leqslant I_{HL}$ 时，领先供应商 1 与落后供应商 2 共同成立 RJV 时，落后供应商 2 会选择控股 RJV。

由式（4 - 144）和式（4 - 145）可知，当 $I_{HL} < I < I_{HH}$ 时，领先供应商 1 与落后供应商 2 共同成立 RJV，且领先供应商 1 控股 RJV。

　　然后，当领先供应商 1 与落后供应商 2 成立 RJV 且领先供应商 1 控股 RJV 时，我们判断领先供应商 1 是否主动控股 RJV。比较情形 4 – 12 中领先供应商 1 的最优利润与情形 4 – 13 中领先供应商 1 的最优利润的大小，即：

$$\pi_{s1}^{RRH*} - \pi_{s1}^{RFH*} = I_h - \frac{I\left[1 + \alpha_r\left(\theta - 1\right)\right]}{\alpha_r} \tag{4 – 146}$$

　　由式（4 – 146）可知，当 $I_{HL} < I \leqslant I_{HM}$ 时，领先供应商 1 控股 RJV 时的领先供应商 1 的最优利润比落后供应商 2 控股 RJV 时领先供应商 1 的最优利润高，领先供应商 1 会主动控股 RJV；当 $I_{HM} < I < I_{HH}$ 时，领先供应商 1 控股 RJV 时的领先供应商 1 的最优利润比落后供应商 2 控股 RJV 时领先供应商 1 的最优利润低，但仍然比领先供应商 1 进行独立非激烈型创新时的实际利润高，此时领先供应商 1 被迫控股 RJV。

　　最后，我们将上述结论进行整理，可以得出供应商的研发能力差距较大时，RJV 的合作模式选择结果如图 4 – 10 所示。

图 4 – 10　研发能力差距较大时的 RJV 模式

第四节　模型的比较分析

一　最终产品可替代性对企业决策的影响

　　本小节探讨最终产品可替代性对研发努力水平的影响，如表 4 – 1 所示。

表 4 - 1　　　　**最终产品可替代性对研发努力水平的影响**

	研发领先模式	技术许可模式	RJV 模式
研发能力差距较小	正	负	负
研发能力差距中等	负	负	负
研发能力差距较大	没影响	负	负

表 4 - 1 显示，若领先供应商 1 进行研发领先策略，则不同研发能力差距下最终产品可替代性对企业决策的影响具有不同特点。在研发能力差距较小时，领先供应商 1 将进行非激烈型研发活动，研发努力随着最终产品可替代性的提高而提高；在研发能力差距中等时，领先供应商 1 将会进行激烈型研发活动，研发努力随着最终产品可替代性的提高而降低；在研发能力差距较大时，领先供应商 1 会进行激烈型研发，研发努力不受最终产品可替代性的影响。值得注意的是，当企业之间进行研发合作时，研发努力随着最终产品可替代性的提高而降低。

二　知识产权价值对 RJV 模式的影响

RJV 模式中，知识产权价值差距会影响企业的 RJV 模式选择，如图 4 - 11 所示。

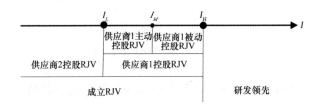

图 4 - 11　知识产权价值对企业 RJV 模式选择的影响

从图 4 - 11 中可以看出，当领先供应商的知识产权价值差距较小或中等时，领先供应商 1 和落后供应商 2 会共同成立 RJV 进行合作研发；当供应商的知识产权价值差距较大时，领先供应商 1 会实施研发领先策略。

对于 RJV 的控股权，若知识产权价值差距较小时，落后供应商 2 会控股 RJV；若知识产权价值差距中等时，领先供应商 1 会控股 RJV。

三　研发类型和研发模式的比较分析

由 Choi 和 Wu（2009）等的研究结论可知，在制造商—供应商—供应商三元关系中，存在三种稳定结构。然而，本书考虑的是两个非对称供应商，因此在本书中存在四种稳定结构，如图 4 – 12 所示。

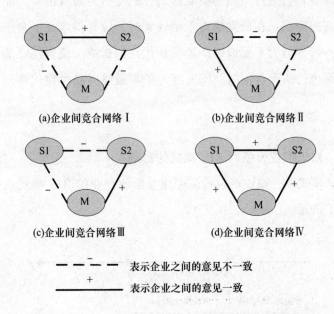

(a)企业间竞合网络 Ⅰ　　　　　　　(b)企业间竞合网络 Ⅱ

(c)企业间竞合网络 Ⅲ　　　　　　　(d)企业间竞合网络 Ⅳ

－ － － － － 表示企业之间的意见不一致

———— 表示企业之间的意见一致

图 4 – 12　稳定状态下供应链企业间的竞合关系网络

下面我们就企业在研发类型和研发模式选择中形成的竞合网络进行进一步探讨。

（一）研发领先模式中企业对研发类型的选择

若领先供应商1与落后供应商2未达成合作研发，则领先供应商1将会实施研发领先策略。在研发领先模式中，领先供应商1既可以进行激烈型研发活动将落后供应商2挤出供应链，也可以实施非激烈型研发。由结论4-1、结论4-2和结论4-3可知，当供应商的研发能力差距较小时，领先供应商1会进行非激烈型研发；当供应商的研发能力差距中等或者较大时，领先供应商1会进行激烈型研发。然而，对于供应链中的其他成员企业来讲，并不一定会支持领先供应商1的选择。结论4-10给出了制造商和落后供应商2对研发类型的选择情况。

结论4-10：

在研发领先模式中，无论供应商的研发能力差距如何，制造商都倾向于激烈型研发活动；落后供应商2都更倾向于非激烈型研发活动。

表4-2总结了在不同研发能力差距下，企业的研发类型选择及相应的竞合网络。

表4-2　　　　　　　　研发领先模式中研发类型的选择

供应商的研发能力差距	领先供应商1的选择	落后供应商2的选择	制造商的选择	竞合网络
较小	非激烈型	非激烈型	激烈型	I
中等	激烈型	非激烈型	激烈型	II
较大	激烈型	非激烈型	激烈型	II

根据结论4-1、结论4-2、结论4-3和结论4-10，当供应商的研发能力差距较小时，领先供应商1和落后供应商2就研发类型选择的意见达成一致，都倾向于非激烈型研发，而制造商则会倾向于激烈型研发活动，此时企业之间就研发类型选择会形成如图4-12（a）所示的竞合关系；当研发能力差距中等或较大时，领先供应商1和制

造商就研发类型选择的意见达成一致，都会倾向于激烈型研发活动，而落后供应商 2 则会倾向于非激烈型研发，此时企业之间就研发类型选择形成的竞合关系如图 4 - 12（b）所示。

（二）技术许可模式与研发领先模式的比较

由结论 4 - 4、结论 4 - 5 和结论 4 - 6 可知，当供应商的研发能力差距较小时，领先供应商 1 与落后供应商 2 之间不一定会达成技术许可协议；当领先供应商 1 的研发能力差距中等或者较大时，领先供应商 1 与落后供应商 2 之间会达成技术许可协议。下面，我们探讨制造商对于上游供应商之间技术许可的态度。

结论 4 - 11：

1. 供应商的研发能力差距较小时，则：

（1）当最终产品可替代性较低（即 $\tau \leqslant 0.63$）时，技术许可模式或 RJV 模式下制造商利润较高。

（2）当最终产品可替代性中等（即 $0.63 < \tau < 0.75$）时，则：

若研发能力差距为小 $- \left(\dfrac{1}{u} \leqslant \dfrac{4\Phi\ (1+\tau)\ (1-\tau)^2\ (3-4\tau)}{\lambda\delta^2\ [1-8\ (1-\tau)^3]} \right)$，此时，技术许可模式或 RJV 模式下制造商利润较高；

若研发能力差距为小 $+ \left(\dfrac{4\Phi\ (1+\tau)\ (1-\tau)^2\ (3-4\tau)}{\lambda\delta^2\ [1-8\ (1-\tau)^3]} < \dfrac{1}{u} < \right.$

$\left. \dfrac{2\Phi(1-\tau)^2\ (1+\tau)}{\tau\lambda\delta^2} \right)$，此时，技术许可模式或 RJV 模式下制造商利润低于研发领先模式。

（3）当最终产品可替代性较高（即 $\tau \geqslant 0.75$）时，研发领先模式下制造商利润高于技术许可模式或 RJV 模式。

2. 供应商的研发能力差距中等时，则：

（1）当最终产品可替代性较低（即 $\tau \leqslant 0.63$）时，技术许可模式或 RJV 模式下制造的利润较高。

（2）当最终产品可替代性较高（即 $\tau > 0.63$）时，则：

若研发能力差距为中 $- \left(\dfrac{2\Phi (1-\tau)^2 (1+\tau)}{\tau\delta^2 \lambda} \leqslant \dfrac{1}{u} \leqslant \dfrac{\Phi (1+\tau) (2\tau+1) (1-\tau)}{\tau\lambda\delta^2 [2\tau + \sqrt{2 (\tau+1)}]} \right)$,

此时研发领先模式或 RJV 模式下制造商利润较高；

若研发能力差距为中 $+ \left(\dfrac{\Phi (1+\tau) (2\tau+1) (1-\tau)}{\tau\lambda\delta^2 [2\tau + \sqrt{2 (\tau+1)}]} < \dfrac{1}{u} < \right.$

$\left. \dfrac{2\Phi (1-\tau)}{\tau\lambda\delta^2} \right)$，此时技术许可模式或 RJV 模式下制造商利润较高。

3. 供应商的研发能力差距较大时，制造商会支持领先供应商 1 与落后供应商 2 之间以技术许可的方式或 RJV 模式进行合作研发。

根据结论 4 - 4、结论 4 - 5、结论 4 - 6 和结论 4 - 11，可以得到企业在技术许可模式和研发领先模式之间的选择结果，以及相应的竞合网络结构，如表 4 - 3 所示。

表 4 - 3　　　　　　　　　　技术许可模式的选择

供应商的研发能力差距	最终产品可替代性	领先供应商 1 的选择	落后供应商 2 的选择	制造商的选择	竞合网络
较小	较低	许可	许可	许可	IV
较小	中等	不许可	许可	许可	III
较小	较高	不许可	许可	不许可	II
中等	较低	许可	许可	许可	IV
中等	较高	许可	许可	不许可	I
较大	任意值	许可	许可	许可	IV

根据结论 4 - 4、结论 4 - 5、结论 4 - 6 和结论 4 - 11 可知，对于落后供应商 2 来讲，不论供应商的研发能力差距大小如何，落后供应商 2 为了不被淘汰出市场，都希望领先供应商 1 向落后供应商 2 进行技术许可。对于领先供应商 1 来讲，当供应商的研发能力差距较小

时，领先供应商 1 是否进行技术许可需要根据最终产品可替代性的大小做出进一步决定，当供应商的研发能力差距中等或较大时，领先供应商 1 会进行技术许可。对于制造商来讲，当供应商的研发能力差距较小或中等时，制造商并不一定会支持领先供应商 1 和落后供应商 2 达成技术许可协议，当供应商的研发能力差距较大时，制造商将会支持领先供应商 1 和落后供应商 2 达成技术许可协议。

（三）RJV 模式与研发领先模式的比较

由结论 4 - 7、结论 4 - 8 和结论 4 - 9 可知，当领先供应商 1 的知识产权价值较低时，领先供应商 1 会与落后供应商 2 共同成立 RJV 且落后供应商 2 会选择控股 RJV；当知识产权的价值中等时，领先供应商 1 会与落后供应商 2 共同成立 RJV，且领先供应商 1 控股 RJV；当知识产权价值较高时，领先供应商 1 不会与落后供应商 2 成立 RJV。由结论 4 - 11 可知，对于占供应链主导地位的制造商来讲，对领先供应商 1 与落后供应商 2 之间共同成立 RJV 的态度在不同的情况下具有不同的特点。表 4 - 4 总结了 RJV 模式和研发领先模式的比较结果，以及由此形成的竞合网络结构。

表 4 - 4　　　　　　　　　　RJV 模式的选择

供应商的研发能力差距	最终产品可替代性	知识产权价值	领先供应商 1 的选择	落后供应商 2 的选择	制造商的选择	竞合网络
较小	较低	较低或中等	成立 RJV	成立 RJV	成立 RJV	Ⅳ
		较高	不成立 RJV	成立 RJV	成立 RJV	Ⅲ
	较高	较低或中等	成立 RJV	成立 RJV	不成立 RJV	Ⅰ
		较高	不成立 RJV	成立 RJV	不成立 RJV	Ⅱ
较大	任意值	较低或中等	成立 RJV	成立 RJV	成立 RJV	Ⅳ
		较高	不成立 RJV	成立 RJV	成立 RJV	Ⅲ

表 4 - 4 说明，若领先供应商 1 和落后供应商 2 共同成立 RJV 进行研发活动，不论供应商的研发能力差距大小如何，落后供应商 2 都希望与领先供应商 1 成立 RJV。对于领先供应商 1 来讲，若领先供应商 1 的知识产权价值较高时，则领先供应商 1 不会与落后供应商 2 成立 RJV；若知识产权价值较低时，则领先供应商 1 会选择与落后供应商 2 共同成立 RJV 进行研发活动。对于制造商来讲，当供应商的研发能力差距较小或中等时，制造商并不一定会支持领先供应商 1 和落后供应商 2 共同成立 RJV；当供应商的研发能力差距较大时，制造商将会支持领先供应商 1 和落后供应商 2 成立 RJV。

第五节 本章小结

本章将知识产权保护引入供应商与供应商间横向合作研发中，并考虑到研发能力与研发类型的匹配，研究单制造商和两个供应商所组成的竞合供应链中，供应商与供应商之间的横向合作研发策略。在此基础上讨论了最终产品可替代性对企业决策的影响，以及知识产权价值差距对 RJV 模式的影响，并探讨了制造商、供应商在横向合作研发模式选择过程中形成的竞合关系网络。本章的研究结论如下：

首先，若领先供应商 1 进行研发领先策略，当供应商的研发能力差距较小时，研发努力随着最终产品可替代性的提高而提高，当研发能力差距中等时，研发努力随着最终产品可替代性的提高而降低，当研发能力差距较大时，最终产品可替代性的提高不会影响研发努力。若领先供应商 1 和落后供应商 2 进行技术许可或 RJV 的合作研发策略时，领先供应商 1 的研发努力随着最终产品可替代性的降低而提高。

其次，在研发领先模式中，若供应商的研发能力差距较小，则领先供应商 1 会从自身利润出发选择非激烈型研发，若供应商的研发能力差距中等或较大，则领先供应商 1 会选择激烈型研发。然而，从制造商的角度，不论供应商的研发能力差距大小，都更倾向于供应商进行激烈型研发。

再次，在技术许可模式中，若供应商的研发能力差距较小，则当最终产品可替代性较高时，领先供应商 1 不会向落后供应商 2 进行技术许可，而会选择研发领先策略；当最终产品可替代性较低时，领先供应商 1 会向落后供应商 2 进行技术许可。若供应商的研发能力差距中等或较大时，从领先供应商 1 的角度来讲，会选择向落后供应商 2 进行技术许可。然而，从制造商的角度，若供应商的研发能力差距较小或中等时，制造商是否支持领先供应商 1 向落后供应商 2 进行技术许可，在不同情况下制造商的态度也不同；若供应商的研发能力差距较大时，制造商则会支持供应商之间进行技术许可。

最后，在 RJV 模式中，若供应商的知识产权价值差距较大时，领先供应商 1 不会与落后供应商 2 成立 RJV；若供应商的知识产权价值差距中等时，领先供应商 1 会选择与落后供应商 2 共同成立 RJV 进行研发活动，且领先供应商 1 会控股 RJV；若供应商的知识产权价值差距较小时，供应商会成立 RJV，且落后供应商 2 会控股 RJV。从制造商的角度，若供应商的研发能力差距较小或中等时，制造商是否支持供应商与另一个供应商组成 RJV 进行合作研发，在不同情况下制造商的态度也不同；若供应商的研发能力差距较大时，制造商会支持供应商之间组成 RJV 进行合作研发。

第五章　基于利他因素的供应链企业间合作研发策略

第一节　引言

现实中，企业之间经常在研发过程中展开合作，达成契约性的正式合作关系，如与竞争对手之间达成的专利交叉许可协议，与上、下游之间达成的成本分摊协议等。除了契约层面上的正式合作，企业之间的合作还包括一些非正式合作，如相互信任的合作关系、互惠利他的合作行为等。在当今经济社会中，企业之间的相互依赖关系更加紧密，一个企业若想实现自己的目标，就必须关心相关企业的目标（Okamuro，2007；Matsubayashi，2007）。随着供应链战略的不断发展，企业会为供应链整体或其他供应链成员着想，运用自己的资源主动向其他供应链成员提供帮助，例如，丰田汽车公司为了供应链整体竞争力的提升，经常派工程师解决供应商在研发和生产过程中遇到的问题，不仅如此，丰田公司还成立产品研发小组以促进供应商与供应商之间的知识共享与交流。在 Dubois 和 Fredriksson（2008）的案例分析中，也提到了为了满足 Volvo 公司提高轿车座椅质量的要求，JCI 公司和 Lear 公司的工程师经常与对方分享自己的知识，也经常派自己的工程师去为对方解决生产过程中的一些问题。正如阿里巴巴集团创始人马云指出的："未来的经济一定是'分享、透明、担当'利他主义的经济，在这个互联网时代，'利他主义'才能获利。"

在经济学中，关于利他主义概念的界定，西蒙和贝克尔的观点具有代表性。西蒙从利他行为的动机出发，认为利他主义是"如果为了另一个人的财富或权力而牺牲了自己的财富或权力，那么行为就是利他主义的；如果寻求最大化自身财富或权力，则行为就是自私的"。贝克尔则从利他行为的结果出发，认为利他主义是"一个人因其他人的效用增进而感到高兴，或者是从对他人所做的财物或劳务无偿支出中获得满足"。从这两个关于利他主义的定义中，可以看出利他行为是个体自觉自愿、不计较个体得失地去关注其他个体，做出的有利于其他个体的非正式合作行为。

关于利他行为的动机，有学者认为，道德规范会塑造个体行为的动机，利他主义是个体道德的一部分，如亚当·斯密在他的伦理学名著《道德情操论》中，从人的"同情心"出发，用同情的原理来解释人类正义感和其他一切道德情感的根源，认为"同情心"使得利他行为存在，是社会得以维系的基础。也有学者认为，利他行为是出于个体的伦理偏好，这种偏好在一定程度上为社会文化因素和价值规范所塑造（叶航等，2005）。不论是出自于个体的道德规范还是伦理偏好，利他行为在一定程度上都会受到不同环境和条件的影响，这也为大量的行为实验所证明。

另一方面，随着供应链实践的发展，供应链企业之间日益呈现出一种网络化关系。此时，供应链企业之间的合作研发既可能是横向合作研发，也可能是纵向合作研发，甚至会是混合合作研发。同时在这样的供应链网络中，企业之间不仅存在契约性的正式合作，也存在非契约性的非正式合作，特别是利他行为的存在使得供应链企业之间的合作研发策略呈现出新的特点。然而，以往关于合作研发策略的研究，大都只考虑契约层面上的正式合作，很少考虑利他行为的影响。因此，在企业的合作研发过程中，有必要考虑企业间的非正式合作行为，研究利他因素对企业间合作研发策略的影响，并探讨不同的供应链环境中企业的利他行为取向。

综上所述，存在以下问题值得深入研究：在不同的研发模式中企业的利他行为对研发投入、企业利润的影响如何？更进一步地，在不同类型的供应链中企业之间的竞合关系网络具有不同的形式，那么不同类型的供应链中企业的利他行为取向如何？

本章结构如下：第二节对本章研究的问题进行简要描述并提出模型的基本假设；在第三节中，我们将对不同的研发模式进行建模；第四节分析利他行为对研发投入、供应商利润和制造商利润的影响；第五节分析不同类型供应链中企业的利他行为取向；第六节为本章小结，简述本章的研究结论。

第二节　问题描述与基本假设

一　问题描述

本章考虑两个提供相似中间产品的供应商和一个生产两种最终产品的制造商所组成的供应链，制造商占主导地位，负责最终产品的设计、生产与销售工作，供应商占从属地位，负责中间产品的设计和生产加工。供应商生产单位中间产品获得的边际利润在短期内固定不变，制造商生产单位最终产品获得的边际利润也固定不变。与第三章（多个供应商之间的研发能力相同，共同为同一种最终产品提供中间产品）和第四章（两个供应商之间的研发能力不对称，每个供应商只为一种最终产品提供中间产品，且两种最终产品具有一定程度的替代性）不同的是，本章中每个供应商只为一种最终产品提供中间产品，且两个供应商具备相当的研发能力。消费者对每一种最终产品的需求量取决于该产品的质量和替代产品的质量。

在本章中，企业之间的合作研发分为四种模式：非合作研发、横向非合作—纵向合作研发、横向合作—纵向非合作研发与混合合作研发模式。非合作研发指供应商与供应商之间不存在知识共享，且供应商与制造商之间不存在成本分担，此时的供应商以自身效用最大化进行研发努力决策，承担全部研发成本，独享研发成果；横向合作研发指供应商与供应商之间的知识共享，此时供应商以自身效用最大化进行研发努力决策，独立承担研发成本，研发结束后会向另一个供应商分享研发成果（Chen and Chen，2011）；纵向合作研发指供应商与制造商之间共同分担研发成本，此时制造商最大化自身利润决定成本分担比例，供应商最大化自身效用决定研发努力；混合合作研发指横向合作研发与纵向合作研发同时存在的情形。

此外，根据供应链中企业之间的关系可将该供应链分为六种类型：完全分散型供应链、横向分散—纵向混合型供应链、横向分散—纵向集中型供应链、横向集中—纵向分散型供应链、横向集中—纵向混合型供应链及完全集中型供应链。不同类型供应链中企业之间的关系如图 5 – 1 所示。

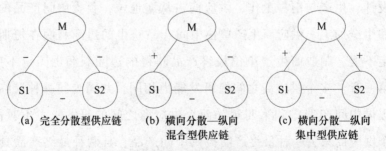

（a）完全分散型供应链　　（b）横向分散—纵向　　（c）横向分散—纵向
　　　　　　　　　　　　　　　　　混合型供应链　　　　　集中型供应链

图 5 – 1　不同类型供应链中企业间的竞合关系

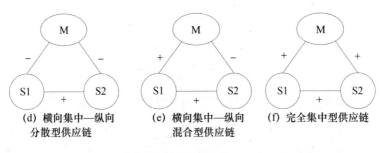

(d) 横向集中—纵向　　　(e) 横向集中—纵向　　　(f) 完全集中型供应链
　　分散型供应链　　　　　　混合型供应链

"+" 表示企业之间合作
"−" 表示企业之间非合作

图 5-1　不同类型供应链中企业间的竞合关系（续）

在该供应链中，制造商是占主导地位的理性经济人，而供应商占从属地位且具有一定程度的利他性。首先，在企业间关系形成过程中，企业之间建立非正式合作关系，制造商决定纵向利他，供应商决定横向利他；其次，在纵向合作研发阶段，制造商决定成本分担比例；再次，在横向合作研发阶段，供应商进行研发努力决策，并进行研发活动；最后，在产品销售阶段，制造商进行产品销售。企业的决策过程如图 5-2 所示。

二　基本假设

假设 5.1：假设供应链中存在两个生产相似中间产品的供应商和一个生产两种可替代最终产品的制造商，一个供应商只为一种最终产品提供中间产品，一单位最终产品需要一单位的中间产品。每个供应商生产一单位中间产品获得的边际利润为 ρ_s，制造商销售一单位最终产品获得的边际利润为 ρ_m。

假设 5.2：最终产品 i（$i=1$，2）的市场需求函数为：

$$D_i = d + \delta q_i - \tau q_{-i}$$

式中，d 为最终产品在产品质量为零时的市场规模，q_i 为最终产

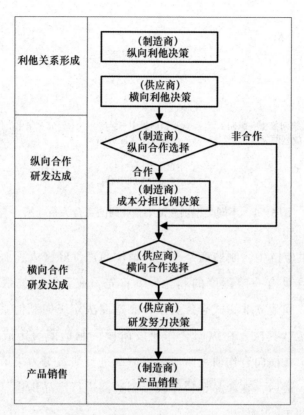

图 5 − 2　基于利他因素的供应链企业间合作研发决策过程

品的质量，δ 为产品质量需求敏感系数，τ 为最终产品的可替代性，且 $\rho_m \delta < \rho_p (\delta - \tau)$，说明制造商的获利能力高于供应商。令 $q_i = m + s_i$，$D_0 = d + m$，其中 m 为制造商质量，s_i 为供应商质量，则最终产品的市场需求函数可以改写为：

$$D_i = D_0 + \delta s_i - \tau s_{-i}$$

假设 5.3：若供应商之间未进行横向合作研发，则供应商之间不会进行知识共享，此时供应商 i 的质量为 $s_i = l + x_i$；若供应商之间进行横向合作研发时，则供应商之间将会进行知识共享，在知识共享后供应商的质量为 $s_i = l + x_i + x_{-i}$。

假设5.4：供应商 i（$i=1$，2）的中间产品质量提高 x_i 所付出的研发成本为 $\dfrac{x_i^2}{2}$。若制造商与供应商共同分担研发成本时，制造商将分担供应商 i（$i=1$，2）的一部分研发成本 $\dfrac{1}{2}u_i x_i^2$，供应商 i 承担剩余研发成本 $\dfrac{1}{2}x_i^2$（$1-u_i$）。

假设5.5：假设供应商的横向利他包括供应商 i 对供应商 $-i$ 的横向利他 α_i（由供应商 i 决定）、供应商 $-i$ 对供应商 i 的横向利他 α_{-i}（由供应商 $-i$ 决定）；制造商的纵向利他包括制造商对供应商 i 的纵向利他 β_i（亦即供应商 i 对制造商的纵向利他）、制造商对供应商 $-i$ 的纵向利他 β_{-i}（亦即供应商 $-i$ 对制造商的纵向利他），且企业利他行为的成本为零。由于制造商在供应链中占主导地位，因此制造商对供应商 i 的纵向利他亦即供应商 i 对制造商的纵向利他，并且纵向利他由制造商决定。

第三节 模型建立与求解

一 非合作研发（NN）

在非合作研发模式中，供应商与供应商之间未进行横向合作，且供应商与制造商之间亦未进行纵向合作。此时，供应商不会向另一个供应商分享研发成果，供应商 i 的质量为 $s_i^{NN}=l+x_i^{NN}$，供应商 i 需要承担其全部研发成本 $\dfrac{1}{2}(x_i^{NN})^2$。该模式中，供应商在进行研发努力决策时考虑横向利他和纵向利他，最大化自身效用。

供应商 i（$i=1$，2）的收益函数和利润函数分别为：

$$e_{si}^{NN}=\rho_s\ (D+\delta s_i^{NN}-\tau s_{3-i}^{NN}) \tag{5-1}$$

$$\pi_{si}^{NN} = \rho_s \ (D + \delta s_i^{NN} - \tau s_{3-i}^{NN}) \ - \frac{1}{2} \ (x_i^{NN})^2 \qquad (5-2)$$

相应，制造商的收益函数和利润函数为：

$$\pi_m^{NN} = e_m^{NN} = \rho_m \ [2D + \ (\delta - \tau) \ (s_i^{NN} + s_{3-i}^{NN})], \ i = 1, \ 2 \quad (5-3)$$

考虑到供应商的利他性，供应商 i（$i = 1, \ 2$）的效用函数为：

$$U_{si}^{NN} = \pi_{si}^{NN} + \alpha_i e_{s3-i}^{NN} + \beta_i e_m^{NN} = \ (\rho_s + \beta_i \rho_m) \ (D + \delta s_i^{NN} - \tau s_{3-i}^{NN}) \ +$$

$$(\alpha_i \rho_s + \beta_i \rho_m) \ (D + \delta s_{3-i}^{NN} - \tau s_i^{NN}) \ - \frac{1}{2} (x_i^{NN})^2$$

$$(5-4)$$

求解供应商的效用函数 U_{s1}^{NN}、U_{s2}^{NN} 分别关于研发努力水平 x_1^{NN}、x_2^{NN} 的最优一阶条件，可得供应商 i（$i = 1, \ 2$）的最优研发努力水平：

$$x_i^{NN*} = \rho_s \ (\delta - \tau \alpha_i) \ + \beta_i \rho_m \ (\delta - \tau), \ i = 1, \ 2 \qquad (5-5)$$

供应商 i（$i = 1, \ 2$）的最优利润为：

$$\pi_{si}^{NN*} = \frac{1}{2} \ \{\rho_s^2 \delta^2 - \ [\beta_i \rho_m \ (\delta - \tau) \ - \tau \rho_s \alpha_i]^2\} \ - \rho_s \tau$$

$$[\rho_s \ (\delta - \tau \alpha_{3-i}) \ + \beta_{3-i} \rho_m \ (\delta - \tau)] \ + \rho_s \ [D + l \ (\delta - \tau)]$$

$$(5-6)$$

制造商的最优利润为：

$$\pi_m^{NN*} = \rho_s \rho_m \ (\delta - \tau) \ [2\delta - \tau \ (\alpha_i + \alpha_{3-i})] \ + \rho_m^2 \ (\delta - \tau)^2$$

$$(\beta_i + \beta_{3-i}) \ + 2\rho_m \ [D + l \ (\delta - \tau)]$$

$$(5-7)$$

命题 5-1：

在非合作研发模式下，供应商 i（$i = 1, \ 2$）的最优研发努力水平为 x_i^{NN*}，供应商 i（$i = 1, \ 2$）的最优利润为 π_{si}^{NN*}，制造商的最优利润为 π_m^{NN*}，分别由式（5-5）—式（5-7）给出。

二　横向非合作—纵向合作研发（NC）

在横向非合作—纵向合作研发模式中，供应商与供应商之间未达成横向合作研发，而制造商与供应商达成纵向合作研发。此时，供应商与供应商之间不存在知识共享，供应商 i 的质量为 $s_i^{NC} = l + x_i^{NC}$。制造商将分担供应商 i（$i=1，2$）的一部分研发成本 $\frac{1}{2} u_i^{NC} (x_i^{NC})^2$，供应商 i 承担剩余研发成本 $\frac{1}{2} (x_i^{NC})^2 (1 - u_i^{NC})$。

首先，制造商在进行研发成本分担决策时不考虑纵向利他，最大化自身利润。接下来，供应商在进行研发努力决策时考虑横向利他和纵向利他，最大化自身效用。

供应商 i（$i=1，2$）的收益函数和利润函数分别为：

$$e_{si}^{NC} = \rho_s (D + \delta s_i^{NC} - \tau s_{3-i}^{NC}) \tag{5-8}$$

$$\pi_{si}^{NC} = e_{si}^{NC} - \frac{1}{2} (1 - u_i^{NC}) (x_i^{NC})^2 \tag{5-9}$$

制造商的收益函数和利润函数分别为：

$$e_m^{NC} = \rho_m (D + \delta s_i^{NC} - \tau s_{3-i}^{NC}) + \rho_m (D + \delta s_{3-i}^{NC} - \tau s_i^{NC}) \tag{5-10}$$

$$\pi_m^{NC} = e_m^{NC} - \frac{1}{2} u_i^{NC} (x_i^{NC})^2 - \frac{1}{2} u_{3-i}^{NC} (x_{3-i}^{NC})^2 \tag{5-11}$$

则，供应商 i（$i=1，2$）的效用函数为：

$$U_{si}^{NC} = \pi_{si}^{NC} + \alpha_i e_{s3-i}^{NC} + \beta_i e_m^{NC} = (\rho_s + \beta_i \rho_m) (D + \delta s_i^{NC} - \tau s_{3-i}^{NC}) +$$

$$(\alpha_i \rho_s + \beta_i \rho_m) (D + \delta s_{3-i}^{NC} - \tau s_i^{NC}) - \frac{1}{2} (x_i^{NC})^2 (1 - u_i^{NC})$$

$$\tag{5-12}$$

第二阶段，供应商进行研发活动，求解供应商的效用函数 U_{s1}^{NC}、U_{s2}^{NC} 分别关于研发努力水平 x_1^{NC}、x_2^{NC} 的最优一阶条件，可得供应商 i（$i=1，2$）的最优研发努力水平：

$$x_i^{NC} = \frac{\rho_s (\delta - \tau \alpha_i) + \beta_i \rho_m (\delta - \tau)}{1 - u_i^{NC}} \tag{5-13}$$

第一阶段，供应商和制造商达成合作研发。求解制造商的利润函

数 π_m^{NC} 分别关于研发成本分担比例 u_i^{NC}、u_{3-i}^{NC} 的最优一阶条件，可得制造商的研发成本分担比例为：

$$u_i^{NC*} = \frac{\rho_m (\delta - \tau)(2 - \beta_i) - \rho_s (\delta - \tau\alpha_i)}{\rho_m (\delta - \tau)(2 + \beta_i) + \rho_s (\delta - \tau\alpha_i)}, \quad i = 1, 2 \quad (5-14)$$

供应商 i $(i = 1, 2)$ 的最优研发努力水平为：

$$x_i^{NC*} = \frac{1}{2} \left[\rho_s (\delta - \tau\alpha_i) + \rho_m (\delta - \tau)(2 + \beta_i) \right] \quad (5-15)$$

供应商 i $(i = 1, 2)$ 与制造商的最优利润分别为：

$$\pi_{si}^{NC*} = \frac{1}{4} \left[\rho_s^2 (\delta^2 - 2\tau\delta + \tau^2\alpha_i^2) - \beta_i\rho_m^2 (\delta - \tau)^2 (2 + \beta_i) \right] +$$

$$\frac{1}{2}\rho_s\rho_m (\delta - \tau)(\delta - 2\tau + \tau\alpha_i + \beta_i\tau\alpha_i - \tau\beta_{3-i}) +$$

$$\rho_s \left[D + l (\delta - \tau) \right]$$

$$(5-16)$$

$$\pi_m^{NC*} = \frac{1}{8} \left[\rho_s (\delta - \tau\alpha_{3-i}) + \rho_m (\delta - \tau)(2 + \beta_{3-i}) \right]^2 +$$

$$\frac{1}{8} \left[\rho_s (\delta - \tau\alpha_i) + \rho_m (\delta - \tau)(2 + \beta_i) \right]^2 +$$

$$2\rho_m \left[D + l (\delta - \tau) \right]$$

$$(5-17)$$

命题 5-2：

在横向非合作—纵向合作研发模式下，供应商 i $(i = 1, 2)$ 的最优研发努力水平为 x_i^{NC*}，供应商 i $(i = 1, 2)$ 的最优利润为 π_{si}^{NC*}，制造商的最优利润为 π_m^{NC*}，分别由式（5-15）—式（5-17）给出。

三　横向合作—纵向非合作研发（CN）

在横向合作—纵向非合作研发模式中，供应商之间达成横向合作研发，制造商与供应商之间未达成纵向合作研发。此时，研发结束后供应商将向另一个供应商分享技术，供应商的质量为$s_i^{CN} = s_{3-i}^{CN} = l + x_i^{CN} +$ x_{3-i}^{CN}，供应商i需要承担其全部研发成本$\frac{1}{2}(x_i^{CN})^2$。该模式中，供应商在进行研发努力决策时考虑横向利他和纵向利他，最大化自身效用。

供应商i的收益函数和利润函数分别为：

$$e_{si}^{CN} = \rho_s \ (D + \delta s_i^{CN} - \tau s_{3-i}^{CN}) \qquad (5-18)$$

$$\pi_{si}^{CN} = \rho_s \ (D + \delta s_i^{CN} - \tau s_{3-i}^{CN}) \ - \frac{1}{2}(x_i^{CN})^2 \qquad (5-19)$$

制造商的收益函数和利润函数为：

$$\pi_m^{CN} = e_m^{CN} = \rho_m \ [2D + \ (\delta - \tau) \ (s_i^{CN} + s_{3-i}^{CN})], \ i = 1, \ 2 \qquad (5-20)$$

考虑到供应商的利他性，供应商i的效用函数为：

$$U_{si}^{CN} = \pi_{si}^{CN} + \alpha_i e_{s3-i}^{CN} + \beta_i e_m^{CN} = \ (\rho_s + \beta_i \rho_m) \ (D + \delta s_i^{CN} - \tau s_{3-i}^{CN}) \ +$$

$$(\alpha_i \rho_s + \beta_i \rho_m) \ (D + \delta s_{3-i}^{CN} - \tau s_i^{CN}) \ - \frac{1}{2}(x_i^{CN})^2$$

$$(5-21)$$

求解供应商的效用函数U_{s1}^{CN}、U_{s2}^{CN}分别关于研发努力水平x_1^{CN}、x_2^{CN}的最优一阶条件，可得供应商i（$i=1$，2）的最优研发努力水平：

$$x_i^{CN*} = \ (\delta - \tau) \ [\rho_m \ (1 + \alpha_i) \ + 2\beta_i \rho_p] \qquad (5-22)$$

供应商i（$i=1$，2）的最优利润为：

$$\pi_{si}^{CN*} = 4\rho_m \ (\delta - \tau)^2 \ [\rho_s \beta_{3-i} - \rho_s \alpha_i \beta_i - \rho_m \beta_i^2] \ +$$

$$\rho_s^2 \ (\delta - \tau)^2 \ (3 + 2\alpha_{3-i} - \alpha_i^2) \ +$$

$$\rho_s \ [D + l \ (\delta - \tau)] \qquad (5-23)$$

制造商的最优利润为：

$$\pi_m^{CN*} = 2\rho_m \ (\delta - \tau)^2 \ [\rho_s \ (2 + \alpha_i + \alpha_{-i}) \ + 2\rho_m \ (\beta_i + \beta_{-i})] \ +$$

$$2\rho_m \ [D + l \ (\delta - \tau)] \qquad (5-24)$$

命题 5 - 3：

在横向合作—纵向非合作研发模式中，供应商 i（$i=1$，2）的最优研发努力水平为 x_i^{CN*}，供应商 i（$i=1$，2）的最优利润为 π_{si}^{CN*}，制造商的最优利润为 π_m^{CN*}，分别由式（5 - 22）—式（5 - 24）给出。

四　混合合作研发（CC）

在混合合作研发模式中，供应商之间进行横向合作研发，制造商与供应商之间亦进行纵向合作研发。此时，供应商与供应商之间存在知识共享，供应商 i 的质量为 $s_i^{CC}=l+x_i^{CC}+x_{3-i}^{CC}$。制造商将分担供应商 i（$i=1$，2）的一部分研发成本 $\frac{1}{2}u_i^{CC}(x_i^{CC})^2$，供应商 i 承担剩余研发成本 $\frac{1}{2}(x_i^{CC})^2(1-u_i^{CC})$。

首先，制造商在进行研发成本分担决策时不考虑纵向利他，最大化自身利润。其次，供应商在进行研发努力决策时考虑横向利他和纵向利他，最大化自身效用。

供应商 i 的收益函数和利润函数分别为：

$$e_{si}^{CC}=\rho_s\ (D+\delta s_i^{CC}-\tau s_{3-i}^{CC}) \tag{5-25}$$

$$\pi_{si}^{CC}=\rho_s\ (D+\delta s_i^{CC}-\tau s_{3-i}^{CC})\ -\frac{1}{2}\ (1-u_i^{CC})\ (x_i^{CC})^2 \tag{5-26}$$

制造商的收益函数和利润函数分别为：

$$e_m^{CC}=\rho_m\ (D+\delta s_i^{CC}-\tau s_{3-i}^{CC})\ +\rho_m\ (D+\delta s_{3-i}^{CC}-\tau s_i^{CC}) \tag{5-27}$$

$$\pi_m^{CC}=e_m^{CC}-\frac{1}{2}u_i^{CC}\ (x_i^{CC})^2-\frac{1}{2}u_{3-i}^{CC}(x_{3-i}^{CC})^2 \tag{5-28}$$

考虑到供应商的利他性，供应商 i 的效用函数为：

$$U_{si}^{CC}=\pi_{si}^{CC}+\alpha_i e_{s3-i}^{CC}+\beta_i e_m^{CC}=\ (\rho_s+\beta_i\rho_m)\ (D+\delta s_i^{CC}-\tau s_{3-i}^{CC})\ +$$

$$(\alpha_i\rho_s+\beta_i\rho_m)\ (D+\delta s_{3-i}^{CC}-\tau s_i^{CC})\ -\frac{1}{2}\ (1-u_i^{CC})\ (x_i^{CC})^2$$

$$\tag{5-29}$$

第二阶段，供应商进行研发活动，求解供应商的效用函数 U_{s1}^{CC}、U_{s2}^{CC} 分别关于研发努力水平 x_1^{CC}、x_2^{CC} 的最优一阶条件，可得供应商 i（$i=1$，2）的最优研发努力水平：

$$x_i^{CC} = \frac{(\delta-\tau)\left[\rho_s\ (1+\alpha_i)\ +2\beta_i\rho_m\right]}{1-u_i^{CC}} \qquad (5-30)$$

第一阶段，供应商和制造商达成合作研发。求解制造商的利润函数 π_m^{CC} 分别关于研发成本分担比例 u_i^{CC}、u_{3-i}^{CC} 的最优一阶条件，可得制造商的研发成本分担比例为：

$$u_i^{CC*} = \frac{2\rho_m\ (2-\beta_i)\ -\rho_s\ (1+\alpha_i)}{2\rho_m\ (2+\beta_i)\ +\rho_s\ (1+\alpha_i)},\ i=1,\ 2 \qquad (5-31)$$

供应商 i（$i=1$，2）的最优研发努力水平为：

$$x_i^{CC*} = \frac{1}{2}\ (\delta-\tau)\ \left[\rho_s\ (1+\alpha_i)\ +2\rho_m\ (2+\beta_i)\right] \qquad (5-32)$$

供应商的最优利润为：

$$\pi_{si}^{CC*} = \frac{1}{4}(\delta-\tau)^2\left[\rho_s(1+\alpha_i)+2\rho_m(2+\beta_i)\right]\left[\rho_s(1-\alpha_i)-2\rho_m\beta_i\right] +$$

$$\frac{1}{2}\rho_s\ (\delta-\tau)^2\left[\rho_s(1+\alpha_{3-i})+2\rho_m(2+\beta_{3-i})\right] +$$

$$\rho_s\left[D+l(\delta-\tau)\right] \qquad (5-33)$$

制造商的最优利润为：

$$\pi_m^{CC*} = \frac{1}{8}\ (\delta-\tau)^2\ \left[\rho_s\ (1+\alpha_{3-i})\ +2\rho_m\ (2+\beta_{3-i})\right]^2 +$$

$$\frac{1}{8}\ (\delta-\tau)^2\ \left[\rho_s\ (1+\alpha_i)\ +2\rho_m\ (2+\beta_i)\right]^2 +$$

$$2\rho_m\ \left[D+l\ (\delta-\tau)\right] \qquad (5-34)$$

命题 5-4：

在混合合作研发模式中，供应商 i（$i=1$，2）的最优研发努力水平为 x_i^{CC*}，供应商 i（$i=1$，2）的最优利润为 π_{si}^{CC*}，制造商的最优利

润为 π_m^{CC*} ，分别由式（5-32）—式（5-34）给出。

第四节　模型分析

一　利他性对企业的影响

（一）利他性对企业决策的影响

本部分将分析利他性对不同模式下供应商研发努力水平的影响。

结论5-1：

（1）在非合作研发模式与横向非合作—纵向合作研发模式下，供应商的研发努力水平与其横向利他负相关，即 $\dfrac{\partial x_i^{NN}}{\partial \alpha_i} < 0$，$\dfrac{\partial x_i^{NC}}{\partial \alpha_i} < 0$；

（2）在横向合作—纵向非合作研发模式与混合合作研发模式下，供应商的研发努力水平与其横向利他正相关，即 $\dfrac{\partial x_i^{CN}}{\partial \alpha_i} > 0$，$\dfrac{\partial x_i^{CC}}{\partial \alpha_i} > 0$。

结论5-2：不论何种研发模式，供应商的研发努力水平与制造商的纵向利他正相关，即 $\dfrac{\partial x_i^{NN}}{\partial \beta_i} > 0$，$\dfrac{\partial x_i^{NC}}{\partial \beta_i} > 0$，$\dfrac{\partial x_i^{CN}}{\partial \beta_i} > 0$，$\dfrac{\partial x_i^{CC}}{\partial \beta_i} > 0$。

结论5-1和结论5-2说明，横向利他对研发努力水平并不一定具有正向的影响，而纵向利他对研发努力水平的影响总是积极的。当供应商之间未进行合作研发时（如 NN 模式、NC 模式），横向利他会降低供应商的研发努力水平；当供应商之间进行横向合作研发时（如 CN 模式、CC 模式），横向利他会提高供应商的研发努力水平。因此，若要提高供应商的研发努力水平，在加强供应链纵向利他的同时，还需要根据企业之间的横向竞合关系对横向利他进行不同的引导。结论5-1和结论5-2的分析结果总结如表5-1所示。

表 5 - 1 　　　　　　　不同研发模式下利他性对研发努力水平的影响

	非合作研发（NN）	横向非合作—纵向合作研发（NC）	横向合作—纵向非合作研发（CN）	混合合作研发（CC）
$\dfrac{\partial\,x_i}{\partial\,\alpha_i}$	负	负	正	正
$\dfrac{\partial\,x_i}{\partial\,\beta_i}$	正	正	正	正

（二）利他性对供应商利润的影响

1. 非合作研发模式下利他性对供应商利润的影响

若供应商与供应商之间未达成合作，且供应商与制造商之间亦未达成合作研发时，即在非合作研发模式下，我们首先分析供应商的横向利他对供应商自身利润的影响。

结论 5 - 3：

在非合作研发模式下，

（1）不存在纵向利他（即 $\beta_i = 0$）时，则供应商的利润与其横向利他负相关，即 $\dfrac{\partial\,\pi_{si}^{NN}}{\partial\,\alpha_i} < 0$；

（2）若纵向利他 $\beta_i \leqslant \dfrac{\tau\rho_s}{\rho_m\,(\delta - \tau)}$ 时，供应商的利润与其横向利他呈倒"U"型关系；

（3）若纵向利他 $\beta_i > \dfrac{\tau\rho_s}{\rho_m\,(\delta - \tau)}$ 时，供应商的利润与其横向利他正相关，即 $\dfrac{\partial\,\pi_{si}^{NN}}{\partial\,\alpha_i} > 0$。

结论 5 - 3 说明，在非合作研发模式下，横向利他对供应商利润的影响随纵向利他的大小而变化，纵向利他的增加会提高横向利他对供应商利润的影响作用。下面，分析非合作研发模式下纵向利他对供应商利润的影响。

结论 5 - 4：

在非合作研发模式下，

（1）若不存在横向利他（即 $\alpha_i = 0$）时，则供应商利润与制造商对其纵向利他负相关，即 $\dfrac{\partial \pi_{si}^{NN}}{\partial \beta_i} < 0$；

（2）若横向利他满足 $0 < \alpha_i \leqslant 1$，供应商利润与制造商对其纵向利他呈倒 "U" 型关系。

可见，非合作研发中纵向利他对供应商利润的影响同样会随横向利他的大小而变，横向利他的增加亦会提高纵向利他对供应商利润的影响。

在结论 5 - 3 和结论 5 - 4 的基础上，进一步得到结论 5 - 5。

结论 5 - 5：

在非合作研发模式下，

（1）在横向利他不变的情况下，纵向利他的提高会加强横向利他对供应商利润的影响，即 $\dfrac{\partial^2 \pi_{si}^{NN}}{\partial \beta_i \partial \alpha_i} > 0$；

（2）在纵向利他不变的情况下，横向利他的提高会加强纵向利他对供应商利润的影响，即 $\dfrac{\partial^2 \pi_{si}^{NN}}{\partial \alpha_i \partial \beta_i} > 0$。

因此，横向利他与纵向利他对供应商利润的影响相互依赖，相互促进。

供应商利润不仅受自身利他性的影响，其他企业的利他性也会影响到供应商的利润。结论 5 - 6 给出了非合作研发模式下其他企业的利他性对供应商利润的影响。

结论 5 - 6：

在非合作研发模式下，供应商的利润与另一个供应商的横向利他正相关，与制造商对另一个供应商的纵向利他负相关，即 $\dfrac{\partial \pi_{si}^{NN}}{\partial \alpha_{3-i}} > 0$，

$$\frac{\partial \pi_{si}^{NN}}{\partial \beta_{3-i}} < 0。$$

因此，在非合作研发模式中，供应商都期望另一个供应商具有横向利他精神，同时期望制造商和另一个供应商之间没有形成互惠合作的关系。

2. 横向非合作—纵向合作研发模式下利他性对供应商利润的影响

当供应商与制造商达成合作，而供应商与供应商未达成合作时，即横向非合作—纵向合作研发模式下，通过分析利他性对供应商利润的影响可以得到结论5-7。

结论5-7:

在横向非合作—纵向合作研发模式下，供应商的利润与其横向利他正相关，与制造商对其纵向利他负相关，与另一个供应商的横向利他正相关，与制造商对另一个供应商的纵向利他负相关，即$\frac{\partial \pi_{si}^{NC}}{\partial \alpha_i} > 0$，$\frac{\partial \pi_{si}^{NC}}{\partial \beta_i} < 0$，$\frac{\partial \pi_{si}^{NC}}{\partial \alpha_{3-i}} > 0$，$\frac{\partial V\pi_{si}^{NC}}{\partial \beta_{3-i}} < 0$。

因此，在横向非合作—纵向合作研发模式中，横向利他对供应商利润具有正向的影响，纵向利他对供应商利润没有积极影响。

3. 其他合作研发模式下利他性对供应商利润的影响

在横向合作研发—纵向非合作研发、混合合作研发模式中，利他性对供应商利润的影响可以得到结论5-8。

结论5-8:

在横向合作研发—纵向非合作研发模式、混合合作研发模式中，供应商的利润与其横向利他负相关，与制造商对其纵向利他负相关，与另一个供应商的横向利他正相关，与制造商对另一个供应商的纵向利他正相关，即$\frac{\partial \pi_{si}^{CN}}{\partial \alpha_i} < 0$，$\frac{\partial \pi_{si}^{CC}}{\partial \alpha_i} < 0$，$\frac{\partial \pi_{si}^{CN}}{\partial \beta_i} < 0$，$\frac{\partial \pi_{si}^{CC}}{\partial \beta_i} < 0$，$\frac{\partial \pi_{si}^{CN}}{\partial \alpha_{3-i}} > 0$，

$$\frac{\partial \pi_{si}^{CC}}{\partial \alpha_{3-i}} > 0, \quad \frac{\partial \pi_{si}^{CN}}{\partial \beta_{3-i}} > 0, \quad \frac{\partial V\pi_{si}^{CC}}{\partial \beta_{3-i}} > 0。$$

不论供应商是否与制造商达成合作研发，当供应商与供应商之间达成横向合作研发（CN 模式与 CC 模式），供应商自身的利他性（包括横向利他和纵向利他）对供应商自身利润不具有积极影响，而另一个供应商的利他性（包括横向利他和纵向利他）对供应商利润有积极的影响。

综上所述，不同的合作研发模式下，企业的利他性对供应商利润具有不同的影响，将本小结所得结论总结如表 5 - 2 所示。

表 5 - 2　　　　不同研发模式下利他行为对供应商利润的影响

	非合作研发（NN）	横向非合作—纵向合作研发（NC）	横向合作—纵向非合作研发（CN）	混合合作研发（CC）
$\dfrac{\partial \pi_{si}}{\partial \alpha_i}$	不确定	正	负	负
$\dfrac{\partial \pi_{si}}{\partial \beta_i}$	不确定	负	负	负
$\dfrac{\partial \pi_{si}}{\partial \alpha_{3-i}}$	正	正	正	正
$\dfrac{\partial \pi_{si}}{\partial \beta_{3-i}}$	负	负	正	正

（三）利他性对制造商利润的影响

本部分我们分析供应商的横向利他和纵向利他对制造商利润的影响。

结论 5 - 9：

在非合作研发模式和横向非合作—纵向合作研发模式下，制造商的利润与供应商的横向利他负相关，与其纵向利他正相关，即 $\dfrac{\partial \pi_m^{NN}}{\partial \alpha_i} < 0$，

$\dfrac{\partial \pi_m^{NN}}{\partial \alpha_{3-i}} < 0$，$\dfrac{\partial \pi_m^{NC}}{\partial \alpha_i} < 0$，$\dfrac{\partial \pi_m^{NC}}{\partial \alpha_{3-i}} < 0$，$\dfrac{\partial \pi_m^{NN}}{\partial \beta_i} > 0$，$\dfrac{\partial \pi_m^{NN}}{\partial \beta_{3-i}} > 0$，$\dfrac{\partial \pi_m^{NC}}{\partial \beta_i} > 0$，

$\dfrac{\partial \pi_m^{NC}}{\partial \beta_{3-i}} > 0$。

结论 5 - 10：

在横向合作—纵向非合作研发模式和混合合作研发模式下，制造商的利润与供应商的横向利他正相关，与其纵向利他正相关，即

$\dfrac{\partial \pi_m^{CN}}{\partial \alpha_i} > 0$，$\dfrac{\partial \pi_m^{CN}}{\partial \alpha_{3-i}} > 0$，$\dfrac{\partial \pi_m^{CC}}{\partial \alpha_i} > 0$，$\dfrac{\partial \pi_m^{CC}}{\partial \alpha_{3-i}} > 0$，$\dfrac{\partial \pi_m^{CN}}{\partial \beta_i} > 0$，$\dfrac{\partial \pi_m^{CN}}{\partial \beta_{3-i}} > 0$，

$\dfrac{\partial \pi_m^{CC}}{\partial \beta_i} > 0$，$\dfrac{\partial \pi_m^{CC}}{\partial \beta_{3-i}} > 0$。

由结论 5 - 9 和结论 5 - 10 可知，制造商的纵向利他对制造商利润总是具有积极正向的影响，而当供应商与供应商之间未达成合作研发时（NC 模式与 NN 模式），供应商的横向利他对制造商利润没有积极的影响；当供应商与供应商之间进行横向合作研发时（CN 模式与 CC 模式），供应商的横向利他对制造商利润具有积极正向的影响。

不同研发模式下利他性对制造商利润的影响总结如表 5 - 3 所示。

表 5 - 3　　　　　不同研发模式下利他行为对制造商利润的影响

	非合作研发（NN）	横向非合作—纵向合作研发（NC）	横向合作—纵向非合作研发（CN）	混合合作研发（CC）
$\dfrac{\partial \pi_m}{\partial \alpha_i}$	负	负	正	正
$\dfrac{\partial \pi_m}{\partial \beta_i}$	正	正	正	正
$\dfrac{\partial \pi_m}{\partial \alpha_{3-i}}$	负	负	正	正
$\dfrac{\partial \pi_m}{\partial \beta_{3-i}}$	正	正	正	正

二　不同类型供应链中企业的利他性

在一个多主体竞合供应链中，企业的利他性会受到供应链环境的

影响。在本章中，依据企业之间的竞争与合作关系，将供应链分为六种类型：完全分散型供应链、横向分散—纵向混合型供应链、横向分散—纵向集中型供应链、横向集中—纵向分散型供应链、横向集中—纵向混合型供应链、完全集中型供应链。

（一）完全分散型供应链

在完全分散型供应链中，企业之间完全竞争，企业之间的关系如图 5 - 3 所示，企业在进行利他决策时以自身利润最大化为目标。

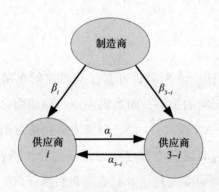

图 5 - 3　完全分散型供应链中企业之间的关系

第一阶段，制造商确定纵向利他，最大化自身利润。由于制造商在供应链中占支配地位，而供应商占从属地位，因此，制造商能够单方面地决定纵向利他的大小。第二阶段，供应商决定横向利他，两个供应商的地位相同，同时决定各自的横向利他。因此，完全分散型供应链可以表示为：

$$\max_{\beta_i,\beta_{3-i}} \pi_m \Rightarrow \begin{cases} \max\limits_{\alpha_i} \pi_{si} \\[2mm] \max\limits_{\alpha_{3-i}} \pi_{s3-i} \end{cases}$$

求解可得分散型供应链中企业的利他性，如表 5 - 4 所示。

表 5 – 4 完全分散型供应链中企业的利他性

	完全分散型 NN	完全分散型 NC	完全分散型 CN	完全分散型 CC
横向利他 α_i	1	1	0	0
横向利他 α_{3-i}	1	1	0	0
纵向利他 β_i	1	1	1	1
纵向利他 β_{3-i}	1	1	1	1

由表 5 – 4 可知，在完全分散型供应链中，虽然企业之间呈现竞争关系，但是仍然需要较高的利他性。具体来讲，不论哪种研发模式，制造商都应与供应商保持较高的纵向利他，而供应商则不一定需要保持较高的横向利他。值得注意的是，当供应商与供应商之间未达成横向合作研发时（NN 模式与 NC 模式），供应商出于自身利润而需要保持较高的横向利他；当供应商与供应商之间达成横向合作研发时（CN 模式与 CC 模式），供应商反而不需要考虑另一个供应商的收益。

因此，在一个完全分散型供应链中，制造商作为供应链的主导方，在研发决策过程中需要考虑供应链的整体收益，而供应商则不一定需要考虑供应链整体收益。

（二）横向分散—纵向混合型供应链

在横向分散—纵向混合型供应链中，供应商 i 与供应商 $-i$ 之间尚未结成横向联盟，供应商 i 与制造商之间达成纵向联盟（我们称之为 *PI* 联盟），供应商 $-i$ 与制造商之间尚未结成纵向联盟，企业之间的竞争与合作关系如图 5 – 4 所示。

第一阶段，制造商确定纵向利他，最大化制造商和供应商 i 的共同利润。第二阶段，供应商决定横向利他，供应商 i 最大化供应商 i 与制造商的共同利润，供应商 $-i$ 最大化自身利润。横向分散—纵向混合型供应链表示如下：

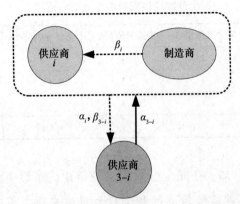

图 5 - 4　横向分散—纵向混合型供应链中企业之间的关系

$$\max_{\beta_i,\beta_{3-i}} \left(\pi_m + \pi_{si} \right) \Rightarrow \begin{cases} \max\limits_{\alpha_i} \left(\pi_m + \pi_{si} \right) \\ \\ \max\limits_{a_{3-i}} \pi_{s3-i} \end{cases}$$

　　求解可得横向分散—纵向混合型供应链中企业的利他性如表 5 - 5 所示，令 $\Psi = \dfrac{\rho_s}{\rho_m}$。

表 5 - 5　　　　横向分散—纵向混合型供应链中企业的利他性

	横向分散—纵向混合型 NN	横向分散—纵向混合型 NC	横向分散—纵向混合型 CN	横向分散—纵向混合型 CC
横向利他 α_i	0	$\dfrac{\beta_i\,(\delta-\tau)}{\tau\Psi} - \dfrac{\delta}{\tau}$	$\dfrac{2\,(1-\beta_i)}{\Psi}$	$1 - \dfrac{2\beta_i}{\Psi}$
横向利他 α_{3-i}	1	1	0	0
纵向利他 β_i	1	$\dfrac{\delta\Psi}{\delta-\tau} \leqslant \beta_i \leqslant \min\left\{\dfrac{\Psi\,(\delta+\tau)}{\delta-\tau},\,1\right\}$	$1 - \dfrac{\Psi}{2} \leqslant \beta_i \leqslant 1$	$0 \leqslant \beta_i \leqslant \dfrac{\Psi}{2}$
纵向利他 β_{3-i}	1	1	1	1

　　由表 5 - 5 可知，在横向分散—纵向混合型供应链中，不论哪种

研发模式，出于联盟利润的考虑，PI 联盟都需要与非成员供应商 $-i$ 保持较高的纵向利他，而 PI 联盟成员之间（供应商 i 与制造商）则不一定需要较高的纵向利他。当供应商与供应商之间未达成横向合作研发时（NN 模式与 NC 模式），非成员供应商 $-i$ 出于自身利润而需要保持较高的横向利他；当供应商与供应商之间达成横向合作研发时（CN 模式与 CC 模式），非成员供应商 $-i$ 反而不需要考虑另一个供应商的收益。对于成员供应商 i 的横向利他，在 NC 模式、CN 模式和 CC 模式中均需要保持一定的利他行为。

与完全分散型供应链相比，供应商 i 与制造商的联盟并没有改变制造商对供应商 $-i$ 的纵向利他 β_{3-i}，也没有改变供应商 $-i$ 对供应商 i 的横向利他 α_{3-i}，却改变了制造商对供应商 i 的纵向利他 β_i 与供应商 i 对供应商 $-i$ 的横向利他 α_i。

（三）横向分散—纵向集中型供应链

在横向分散—纵向集中型供应链中，供应商 i 与供应商 $-i$ 之间未达成横向合作，供应商 i 与制造商之间达成纵向合作，供应商 $-i$ 与制造商之间亦达成纵向合作，企业之间的竞争与合作关系如图 5 – 5 所示。

第一阶段，制造商确定纵向利他，最大化制造商和供应商 i、供应商 $-i$ 的共同利润。第二阶段，供应商决定横向利他，供应商 i 最大化供应商 i 与制造商的共同利润，供应商 $-i$ 最大化供应商 $-i$ 与制造商的共同利润。横向分散—纵向集中型供应链表示如下：

$$\max_{\beta_i,\beta_{3-i}} \left(\pi_m + \pi_{si} + \pi_{s3-i}\right) \Rightarrow \begin{cases} \max_{\alpha_i} \left(\pi_m + \pi_{si}\right) \\ \max_{a_{3-i}} \left(\pi_m + \pi_{s3-i}\right) \end{cases}$$

求解可得横向分散—纵向集中型供应链中企业的利他性，如表 5 – 6 所示。

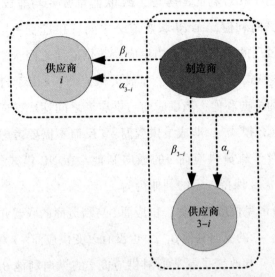

图 5－5　横向分散—纵向集中型供应链中企业之间的关系

表 5－6　　　　　横向分散—纵向集中型供应链中企业的利他性

	横向分散—纵向集中型 NN	横向分散—纵向集中型 NC	横向分散—纵向集中型 CN	横向分散—纵向集中型 CC
横向利他 α_i	0	0	$\dfrac{2(1-\beta_i)}{\Psi}$	0
横向利他 α_{3-i}	0	0	$\dfrac{2(1-\beta_{-i})}{\Psi}$	0
纵向利他 β_i	$1-\dfrac{\tau\Psi}{\delta-\tau}$	$\max\left\{\dfrac{\Psi(\delta-2\tau)}{\delta-\tau},\ 0\right\}$	$1-\dfrac{\Psi}{2}\leqslant\beta_i\leqslant1$	$\min\left\{\dfrac{3\Psi}{2},\ 1\right\}$
纵向利他 β_{3-i}	$1-\dfrac{\tau\Psi}{\delta-\tau}$	$\max\left\{\dfrac{\Psi(\delta-2\tau)}{\delta-\tau},\ 0\right\}$	$1-\dfrac{\Psi}{2}\leqslant\beta_{-i}\leqslant1$	$\min\left\{\dfrac{3\Psi}{2},\ 1\right\}$

　　由表 5－6 可知，在横向分散—纵向集中型供应链中，制造商出于供应链整体利润进行纵向利他决策，而供应商则会出于自身所处联盟利润进行横向利他决策。在这样一个供应链中，若供应商 i 与供应商 $-i$ 未进行横向合作研发（NN 模式与 NC 模式），则制造商的纵向利他较低，同时供应商在进行决策时不会考虑另一个供应商的收益；

若供应商 i 与供应商 $-i$ 进行横向合作研发（CN 模式与 CC 模式），则制造商的纵向利他较高，此时当制造商未与供应商进行纵向合作研发时（CN 模式），供应商 i 与供应商 $-i$ 之间会保持一定程度的横向利他，当制造商与供应商进行纵向合作研发时（CC 模式），供应商在进行决策时不会考虑另一个供应商的收益。

（四）横向集中—纵向分散型供应链

在横向集中—纵向分散型供应链中，供应商 i 与供应商 $-i$ 之间达成合作，制造商与供应商 i、供应商 $-i$ 之间均未达成合作，企业之间的竞争与合作关系如图 5 - 6 所示。

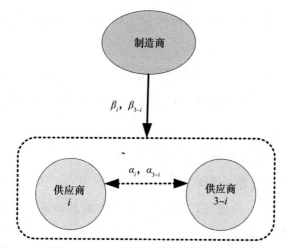

图 5 - 6　横向集中—纵向分散型供应链中企业之间的关系

第一阶段，制造商确定纵向利他，最大化制造商的利润。第二阶段，供应商决定横向利他，最大化供应商 i 与供应商 $-i$ 的共同利润。横向集中—纵向分散型供应链表示如下：

$$\max_{\beta_i,\beta_{3-i}} \pi_m \Rightarrow \max_{\alpha_i,a_{3-i}} \left(\pi_{si} + \pi_{s3-i} \right)$$

求解可得横向集中—纵向分散型供应链中企业的利他行为，如表 5 - 7 所示。

表 5 - 7　　　　　横向集中—纵向分散型供应链中企业的利他行为

	横向集中—纵向分散型 NN	横向集中—纵向分散型 NC	横向集中—纵向分散型 CN	横向集中—纵向分散型 CC
横向利他 α_i	1	1	0	0
横向利他 α_{3-i}	1	1	0	0
纵向利他 β_i	1	1	1	1
纵向利他 β_{3-i}	1	1	1	1

由表 5 - 7 可知，在横向集中—纵向分散型供应链中，制造商的纵向利他需要保持最高水平，而供应商的横向利他在供应商与供应商之间未达成横向合作研发时（NN 模式与 NC 模式）保持最高水平，在供应商与供应商之间达成横向合作研发时（CN 模式与 CC 模式）保持最低水平。

将横向集中—纵向分散型供应链与完全分散型供应链相比，我们发现，供应商之间的结盟不会改变制造商的纵向利他与供应商的横向利他。

（五）横向集中—纵向混合型供应链

在横向集中—纵向混合型供应链中，供应商 i 与供应商 $-i$ 之间达成合作、制造商与供应商 i 之间达成合作，而制造商与供应商 $-i$ 之间尚未达成合作，企业之间的竞争与合作关系如表 5 - 7 所示。

第一阶段，制造商确定纵向利他，最大化制造商和供应商 i 的共同利润。第二阶段，供应商决定横向利他，供应商 i 最大化供应商 i、供应商 $-i$ 与制造商的共同利润，供应商 $-i$ 最大化供应商 i 与供应商 $-i$ 的共同利润。横向集中—纵向混合型供应链表示如下：

$$\max_{\beta_i,\beta_{3-i}} \left(\pi_m + \pi_{si} \right) \Rightarrow \begin{cases} \max_{\alpha_i} \left(\pi_m + \pi_{si} + \pi_{s3-i} \right) \\ \max_{a_{3-i}} \left(\pi_{si} + \pi_{s3-i} \right) \end{cases}$$

求解可得横向集中—纵向混合型供应链中企业的利他行为，如

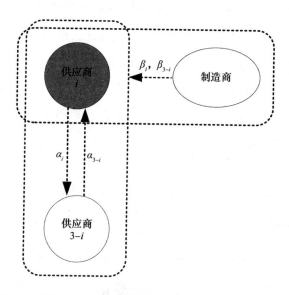

图5-7　横向集中—纵向混合型供应链中企业之间的关系

表5-8所示。

表5-8　　　**横向集中—纵向混合型供应链中企业的利他行为**

	横向集中—纵向 混合型 NN	横向集中—纵向 混合型 NC	横向集中—纵向 混合型 CN	横向集中—纵向 混合型 CC
横向利他 α_i	$1-\dfrac{(1-\beta_i)\ (\delta-\tau)}{\tau\Psi}$	1	1	1
横向利他 α_{3-i}	1	1	0	0
纵向利他 β_i	$1-\dfrac{\tau\Psi}{\delta-\tau}\leqslant\beta_i\leqslant1$	$\min\left\{\dfrac{\Psi\ (\delta+\tau)}{\delta-\tau},\ 1\right\}$	$1-\dfrac{\Psi}{2}$	0
纵向利他 β_{3-i}	1	1	1	1

　　由表5-8可知，在横向集中—纵向混合型供应链中，虽然供应
商与供应商之间达成横向合作，但是制造商并未与每个供应商都达成
纵向合作。此时，由于供应链企业之间竞合关系的复杂性，不同的合

作研发模式需要不同的利他行为。与完全分散型供应链相比，达成纵向合作的供应商 i 的横向利他行为发生了变化，除了非合作研发模式，其他合作研发模式中供应商 i 的横向利他都达到最大，而未达成纵向合作的供应商 $-i$ 的横向利他则没有发生变化。对于纵向利他，供应商 i 在达成合作研发时应较少地考虑制造商，而供应商 $-i$ 则仍然需要考虑制造商的收益。

（六）完全集中型供应链

在完全集中型供应链中，企业两两达成合作，企业间的竞争与合作如图 5 -8 所示。

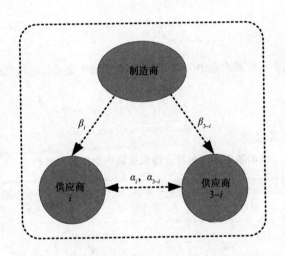

图 5 -8　完全集中型供应链中企业之间的关系

第一阶段，制造商确定纵向利他，最大化供应链整体利润。第二阶段，供应商决定横向利他，最大化供应链整体利润。完全集中型供应链表示如下：

$$\max_{\beta_i, \beta_{3-i}} \left(\pi_m + \pi_{si} + \pi_{s3-i} \right) \Rightarrow \max_{\alpha_i, \alpha_{3-i}} \left(\pi_m + \pi_{si} + \pi_{s3-i} \right)$$

求解可得完全集中型供应链中企业的利他行为，如表 5 -9 所示。

表5-9 完全集中型供应链中企业的利他行为

	横向集中—纵向集中型 NN	横向集中—纵向集中型 NC	横向集中—纵向集中型 CN	横向集中—纵向集中型 CC
横向利他 α_i	$1 - \dfrac{(1-\beta_i)(\delta-\tau)}{\tau\Psi}$	1	1	1
横向利他 α_{3-i}	$1 - \dfrac{(1-\beta_{-i})(\delta-\tau)}{\tau\Psi}$	1	1	1
纵向利他 β_i	$1 - \dfrac{\tau\Psi}{\delta-\tau} \leq \beta_i \leq 1$	$\min\left\{\dfrac{\Psi(\delta+\tau)}{\delta-\tau}, 1\right\}$	1	Ψ
纵向利他 β_{3-i}	$1 - \dfrac{\tau\Psi}{\delta-\tau} \leq \beta_{-i} \leq 1$	$\min\left\{\dfrac{\Psi(\delta+\tau)}{\delta-\tau}, 1\right\}$	1	Ψ

由表5-9可知，在完全集中型供应链中，出于供应链整体利润的考虑，企业并不一定需要保持较高的利他性。不同的研发模式下，企业的利他行为表现不同。当企业进行横向合作研发，而未进行纵向合作研发时（CN模式），各企业的利他行为需要保持最高水平。

第五节 本章小结

本章考虑到企业的非契约性的合作行为，在企业的合作研发中引入利他行为，研究具有利他主义精神的供应商与其他供应商之间的横向合作研发策略，与制造商之间的纵向合作研发策略及混合合作研发策略，讨论利他行为对企业决策和企业利润的影响。进一步，根据供应链主体之间的竞争与合作关系，将供应链划分为六种不同类型的供应链，研究不同类型供应链中企业利他行为的特点。本章的研究结论如下：

首先，纵向利他对研发努力水平的影响总是积极的，而横向利他对研发努力水平并不一定具有正向的影响，当供应商之间进行研发竞争时，横向利他会降低供应商的研发努力水平；当供应商之间进行研发合作时，横向利他会提高供应商的研发努力水平。

其次，在非合作研发模式中，横向利他与纵向利他对供应商利润的影响是相互促进、相辅相成的。在横向非合作—纵向合作研发模式中，横向利他对供应商利润具有正向的影响，纵向利他对供应商利润没有积极影响。在横向合作—纵向非合作研发模式或混合合作研发模式中，供应商自身的利他行为（包括横向利他和纵向利他）对供应商自身利润不具有积极影响，而另一个供应商的利他行为（包括横向利他和纵向利他）对供应商利润有积极的影响。供应商的纵向利他对制造商利润总是具有积极正向的影响，而当供应商与供应商之间未进行横向合作研发时，供应商的横向利他对制造商利润没有积极的影响，当供应商与供应商之间进行横向合作研发时，供应商的横向利他对制造商利润具有积极正向的影响。

最后，我们根据供应链企业间的竞合关系将供应链分为六种类型，分析了不同类型供应链中企业的利他行为取向，发现完全分散的供应链需要利他，完全合作的供应链也需要一定程度的自利。

第六章　结论与展望

第一节　主要研究结论

通过对企业间合作研发的现实背景和理论背景进行整理与分析，发现无论从实践角度还是理论角度，都要求对合作研发的研究进行有针对性地扩展。本书针对单制造商多供应商供应链，基于制造商—供应商—供应商三元竞合框架，从三个角度对提出的问题进行了研究：首先，考虑到企业间的竞合关系，引入竞赛理论以描述供应商与供应商间的质量竞争，研究了单一最终产品情况下的供应商—供应商合作研发策略，分析了知识溢出、参赛供应商数量对合作研发策略的影响，并探讨了研发模式选择和供源选择问题；其次，考虑到知识产权保护，将供应商的研发能力与研发类型相结合，研究了多个最终产品情况下的供应商与供应商间合作研发策略，并分析了研发能力、知识产权价值、产品可替代性对供应商与供应商间合作研发策略的影响；最后，针对企业间的非正式合作对企业间合作研发策略的影响，研究了利他因素影响下企业间的合作研发策略，并分析了不同类型的竞合供应链中企业的利他行为倾向。

具体而言，本书得出以下几点主要研究结论：

（1）当多个供应商共同为制造商的一种最终产品提供相同中间

产品时，首先，从供应商的角度，最佳供应商—供应商合作研发模式为研发合资卡特尔模式，从制造商的角度，最佳模式为研发合资体模式。其次，在单源供应、多源供应—研发合资体模式和多源供应—研发合资卡特尔模式中，增加参赛供应商的数量会降低供应商的利润，却有可能提高制造商利润和供应链利润。然后，在供源选择中，单源供应的研发努力水平总是高于多源供应，多源供应—研发合资卡特尔模式的供应商利润高于单源供应模式，多源供应—研发合资体模式的制造商利润大于单源供应模式。因此，制造商和供应商对研发模式选择、参赛供应商数量和供源选择等方面均可能存在不一致，企业需要根据相关情况并兼顾其他企业才能做出合理选择。

（2）当多个供应商分别为制造商的不同最终产品提供相似中间产品时，首先，在研发领先模式中，若供应商的研发能力差距较小，则领先供应商会从自身利润出发选择非激烈型研发；若供应商的研发能力差距中等或较大，则领先供应商会选择激烈型研发。从制造商的角度，不论供应商的研发能力差距如何，都更倾向于领先供应商进行激烈型研发。其次，在技术许可模式中，若供应商的研发能力差距较小，供应商之间是否会达成技术许可与最终产品可替代性有关，最终产品可替代性较低时供应商之间会达成技术许可；若领先供应商的研发能力差距中等或较大时，领先供应商会选择向另一个供应商进行技术许可。从制造商的角度，若供应商的研发能力差距较小或中等时，制造商不一定会支持供应商之间的技术许可；若领先供应商的研发能力差距较大时，制造商会支持供应商之间进行技术许可。然后，在RJV模式中，在知识产权价值差距较小时落后供应商会控股RJV，在知识产权价值差距中等时领先供应商会控股RJV，在知识产权价值差距较大时供应商不会成立RJV。从制造商的角度，当供应商之间的研发能力差距较大时，制造商会支持供应商之间成立 RJV。

（3）当企业具有利他主义精神时，首先，纵向利他对研发努力水平的影响总是积极的，而横向利他对研发努力水平并不一定具有正向的影响。其次，关于利他因素对供应商利润的影响，在非合作研发模式中，横向利他与纵向利他对供应商利润的影响是相互促进、相辅相成的；在纵向合作—横向非合作研发模式中，横向利他对供应商利润具有正向的影响，纵向利他对供应商利润没有积极影响；在横向合作—纵向非合作研发模式或混合合作研发模式中，供应商自身的利他行为对供应商自身利润不具有积极影响，却对另一个供应商利润有积极的影响。关于利他行为对制造商利润的影响，纵向利他对制造商利润总是具有积极正向的影响；在非合作研发模式和纵向合作—横向非合作研发模式中，供应商的横向利他对制造商利润没有积极的影响；在横向合作—纵向合作研发模式和混合合作研发模式中，供应商的横向利他对制造商利润具有积极正向的影响。最后，不同类型供应链中企业的利他行为具有不同的特点，完全分散的供应链需要利他行为，完全合作的供应链也需要一定程度的自利。

（4）在单制造商多供应商竞合供应链中，企业之间的合作研发策略受到供应链竞合环境的影响，也同样会影响企业间的竞合关系网络。在合作研发模式选择、质量竞赛设计、研发类型选择、技术许可、成立 RJV 等过程中，制造商和供应商之间会形成不同的竞合网络，不同的竞合网络将会产生不同的互惠利他氛围，这将继续影响企业间的合作研发策略。因此，从供应链整体来讲，供应链管理者需要根据具体的情况制定合理的协调、激励与惩罚措施才能保证研发活动的顺利实施，在提高供应链成员企业利润的同时增强供应链整体竞争力。

第二节　研究展望

本书的研究基本完成了预期的研究目标，具有一定的创新性和研究意义，但由于条件所限也存在一定的局限性。

首先，本书研究多个供应商共同为制造商的一种最终产品提供相同中间产品时的供应商与供应商间合作研发策略，供应商订单分配函数采用线性同质的 Tullock 竞争成功函数，而在现实中制造商的订单分配可能存在其他的影响因素和分配方式。

其次，本书研究多个供应商分别为制造商的不同最终产品提供相似中间产品时的供应商与供应商间横向合作研发策略，只考虑供应商的研发能力可能存在不对称性，忽略了供应商在其他方面的不对称性，如生产成本、议价能力等。

再次，本书研究的基于利他因素的企业间合作研发策略，虽然考虑到企业的利他行为对企业决策和企业利润的影响，却未考虑到利他行为的不同种类，如互惠利他、自我利他、纯粹利他等对企业产生作用的方式会存在不同。

又次，本书研究的单制造商多供应商供应链中企业间的合作研发，虽然考虑了供应链中未参与合作研发的其他成员企业的影响，却没有进一步考虑供应链网络结构对企业间合作研发策略的影响，因此，不能为网络中处于不同位置的企业的合作研发策略提供指导。

最后，本书研究的供应链企业间的合作研发策略，包括制造商和供应商的相关决策，给出了制造商和供应商之间就合作研发策略可能存在的不一致，但是并没有从供应链整体的角度提出相应的供应链协调策略。

针对上述研究的不足，未来的研究可以深入进行以下几个方面的工作。

第一，在多个供应商共同为制造商的某一最终产品提供相同中间产品时，根据供应商中间产品质量对供应商订单分配的影响，尝试其他的订单分配函数，更加合理地刻画供应商与供应商之间的质量竞争。

第二，在多个供应商分别为制造商的不同最终产品提供相似中间产品时，可考虑供应商除研发能力以外的非对称性，如议价能力、生产成本等对制造商研发类型选择和研发模式选择的影响。

第三，在对利他因素的研究中，区分不同类型的利他因素，如互惠利他、纯粹利他等，探讨不同类型的利他行为对企业间合作研发策略的影响。

第四，供应链企业在日常交互中会形成不同形式的竞合关系网络，而且过去的合作研发经历会影响将来的竞争与合作，因此，未来可研究供应链企业间竞合关系网络的网络结构与企业间合作研发策略的相互影响与动态演化。

第五，从供应链整体出发，研究能够提高供应链企业间合作研发效率的供应链协调策略，以提升供应链的整体竞争力。

参考文献

中文文献

艾凤义、侯光明：《纵向合作研发中的收益分配和成本分担机制》，《中国管理科学》2004 年第 6 期。

陈宇科等：《竞争条件下纵向合作创新企业的联盟策略》，《系统工程理论与实践》2010 年第 5 期。

陈祖胜等：《知识互补性对研发网络内异位势企业间联盟的影响》，《预测》2015 年第 2 期。

符栋良等：《利益分配机制对研发网络合作均衡的影响》，《工业工程与管理》2014 年第 5 期。

龚艳萍、周育生：《基于 R&D 溢出的企业合作研发行为分析》，《系统工程》2002 年第 5 期。

吉迎东等：《技术创新网络中知识共享行为机理研究》，《预测》2014 年第 3 期。

纪慧生：《企业合作研发过程中的知识共享博弈分析》，《哈尔滨工业大学学报》（社会科学版）2010 年第 1 期。

李东红：《企业联盟研发：风险与防范》，《中国软科学》2002 年第 10 期。

李卫红等：《基于 NASH 谈判模型的上下游企业 R&D 合作与协调机制

研究》，《管理工程学报》2012 年第 2 期。

刘伟等：《纵向合作中的共同 R&D 投资机制研究》，《管理工程学报》
2009 年第 1 期。

彭鸿广、骆建文：《激励供应商 R&D 努力的最优补贴策略研究》，《工
业工程与管理》2011 年第 5 期。

乔军华、杨忠直：《研发网络的利益分配机制》，《软科学》2013 年第
3 期。

石光：《技术互补性、产品可替代性与企业研发合作》，《管理科学》
2012 年第 5 期。

孙彩虹：《技术溢出下企业合作研发博弈分析与协同问题研究》，博士
学位论文，重庆大学，2009 年。

魏江等：《研发网络分散化，组织学习顺序与创新绩效：比较案例分
析》，《管理世界》2014 年第 2 期。

吴绍棠、李燕萍：《企业的联盟网络多元性有利于合作创新吗?》，《南
开管理评论》2014 年第 3 期。

吴勇、陈通：《企业合作与非合作并行研发模式下政府补贴策略研
究》，《软科学》2011 年第 6 期。

武博等：《纵向溢出效应对企业独立研发与纵向 RJV 的影响研究》，
《科学学与科学技术管理》2011 年第 2 期。

谢学梅：《中小企业协同创新网络与创新绩效的实证研究》，《管理科
学学报》2010 年第 8 期。

杨晓花等：《基于互补资源投入的合作与非合作 R&D 的技术改进量的
比较》，《系统工程理论与实践》2008 年第 4 期。

叶航等：《作为内生偏好的利他行为及其经济学意义》，《经济研究》
2005 年第 8 期。

张振宇、杨克磊：《基于技术溢出的企业纵向 RJVs 合作研发分析》，

《上海经济研究》2013 年第 9 期。

邹艳等:《三级供应链内中游企业纵向合作研发策略》,《管理工程学报》2011 年第 1 期。

英文文献

Afuah A. , "Does a Focal Firm's Technology Entry Timing Depend on the Impact of the Technology on Co-opetitors?", *Research Policy*, Vol. 33, No. 8, 2004.

Akcomak S. , Weel B. , "Social Capital, Innovation and Growth: Evidence from Europe", *European Economic Review*, Vol. 42, 2009.

Amir R. , Hallmenschlager C. , Jin J. , "R&D-induced Industry Polarization and Shake-outs", *International Journal of Industrial Organization*, Vol. 29, 2011.

Amir R. , "Modeling Imperfectly Appropriable R&D via Spillovers", *International Journal of Industrial Organization*, Vol. 18, 2000.

Arora A. , Ceccagnoli M. , Cohen W. M. , "R&D and Patent Permium", *International Journal of Industrial Organization*, Vol. 26, 2008.

Arranz N. , Arroyabe J. C. F. , "Governance Structures in R&D Networks: An Analysis in the European Context", *Technological Forecasting & Social Change*, Vol. 74, 2007.

Asanuma B. , "Manufacturer-supplier Relationships in Japan and the Concept of Relation-specific Skill", *Journal of Japanese and International Economics*, No. 3, 1994.

Asanuma B. , "The Contractual Framework for Parts Supply in the Japanese Automotive Industry", *Japanese Economic Studies*, Vol. 13, No. 4, 1985.

Atallah G. , "Vertical R&D Spillovers, Cooperation, Market Structure, and Innovation", *Economics of Innovation and New Technology*, Vol. 11, No. 3, 2002.

Azadegan A. , Dooley K. J. , "Supplier Innovativeness, Organizational Learning Styles and Manufacturer Performance: An Empirical Assessment", *Journal of Operations Management*, Vol. 28, 2010.

Banerjee S. , Lin P. , "Vertical Research Joint Ventures", *International Journal of Industrial Organization*, Vol. 19, 2001.

Banerjee S. , Lin P. , "Downstream R&D, Raising Rivals' Cost, and Input Price Contracts", *International Journal of Industrial Organization*, Vol. 21, 2003.

Bartolini S. , Bonatti L. , "Endogenous Growth, Decline in Social Capital and Expansion of Market Activities", *Journal of Economic Behavior and Organization*, Vol. 67, 2008.

Bayona C. , Garcia-Marco T. , Huerta E. , "Firms' Motivations for Cooperative R&D: An Empirical Analysis of Spanish Firms", *Research Policy*, Vol. 30, 2001.

Bengtsson M. , Kock S. , "Cooperation and Competition in Relationships between Competitors in Business Networks", *The Journal of Business and Industrial Marketing*, Vol. 3, No. 14, 1999.

Bengtsson M. , Kock S. , "Coopetition in Business Networks-To Cooperate and Compete Simultaneously", *Industrial Marketing Management*, Vol. 29, No. 5, 2000.

Bengtsson M. , Kock S. , "Coopetition-Quo Vadis? Past Accomplishments and Future Challenges", *Industrial Marketing Management*, Vol. 43, 2014.

Benjaafar S. , Elahi E. , Donohue K. L. , "Outsourcing via Service Competition", *Management Science*, Vol. 53, No. 3, 2007.

Berchicci L. , "Heterogeneity and Intensity of R&D Partnership in Italian Manufacturing Firms", *IEEE Transactions on Engineering Management*, Vol. 58, No. 4, 2011.

Bernstein F. , Kok A. G. , Meca A. , "Cooperation in Assembly System: The Role of Knowledge Sharing Networks", *European Journal of Operational Research*, Vol. 240, 2015.

Bien H. J. , Ben T. M. , Wang K. F. , "Trust Relationships Within R&D Networks: A Case Study from the Biotechnological Industry", *Innovation: Management, Policy & Practice*, Vol. 16, No. 3, 2014.

Bondt R. D. , Henriques I. , "Strategic Investment with Asymmetric Spillovers", *The Canadian Journal of Economice*, Vol. 28, No. 3, 1995.

Bondt R. D. , Slaets P. , Cassiman B. , "The Degree of Spillovers and the Number of Rivals for Maximum Effective R&D", *International Journal of Industrial Organization*, Vol. 10, 1992.

Bourreau M. , Dogan P. , "Cooperation in Product Development and Process R&D between Competitors", *International Journal of Industrial Organization*, Vol. 28, 2010.

Brandenburger A. M. , Nalebuff A. M. , *Co-opetition*, USA: Currency/Doubleday, 1996.

Branstetter L. , Fisman R. , Foley C. , "Do Stronger Intellectual Property Rights Increase International Technology Transfer? Empirical Evidence from U. S Firm-level Panel Data", *Quarterly Journal of Economics*, Vol. 121, 2006.

Carboni O. A. , "An Empircal Investigation of the Determinants of R&D Cooperation: An Application of the Inverse Hyperbolic Sine Transformation", *Research in Economics*, Vol. 66, 2012.

Carboni O. A., "Heterogeneity in R&D Collaboration: An Empirical Investigation", *Structural Change and Economic Dynamics*, Vol. 25, 2013.

Cassiman B., Guardo M. C. D., Valentini G., "Organising R&D Projects to Profit from Innovation: Insights from Co-opetition", *Long Range Planning*, Vol. 42, 2009.

Cellini R., Lambertini L., "Dynamic R&D with Spillovers: Competition vs Cooperation", *Journal of Economic Dynamics & Control*, Vol. 33, 2009.

Che X. G., Yang Y., "Patent Protection with a Cooperative R&D Option", *Economics Letters*, Vol. 116, No. 3, 2012.

Chen J., Liang L., Yang F., "Cooperative Quality Investment in Outsourcing", *International Journal of Production Economics*, Vol. 162, 2015.

Chen Y. S., Chen B. Y., "Utilizing Patent Analysis to Explore the Cooperative Competition Relationship of the two LED Companies: Nichia and Osram", *Technological Forecasting & Social Change*, Vol. 78, 2011.

Chirgui Z. M., "Dynamics of R&D Networked Relationships and Mergers and Acquisitions in the Smart Card Field", *Research Policy*, Vol. 38, 2009.

Chiu Y., Huang C., Chen Y., "The R&D Value-chain Efficiency Measurement for High-tech Industries in China", *Asia Pacific Journal of Management*, Vol. 29, 2012.

Choi T. Y., Hong Y., "Unveiling the Structure of Supply Networks: Case Studies in Honda, Acura, and Daimler Chrysler", *Journal of Operations*

Management, Vol. 20, 2002.

Choi T. Y., Wu Z., Ellram L., et al., "Supplier-supplier Relationships and Their Implications for Buyer-supplier Relationships", *IEEE Transactions on Engineering Management*, Vol. 42, No. 2, 2002.

Choi T. Y., Wu Z., "Taking the Leap from Dyads to Triads: Buyer-supplier Relationships in Supply Networks", *Journal of Purchasing & Supply Management*, Vol. 15, 2009a.

Choi T. Y., Wu Z., "Triads in Suppliy Networks: Theorizing Buyer-supplier-supplier Relationships", *Journal of Supply Chain Management*, Vol. 45, No. 1, 2009b.

Cohen W. M., Goto A., Nagata A., et al., "R&D Spillovers, Patents and the Incentives to Innovate in Japan and the United States", *Research Policy*, Vol. 31, 2002.

Cohen W. M., Levinthal D. A., "Innovation and Learning: The Two Faces of R&D", *The Economic Journal*, Vol. 99, No. 397, 1989.

Cross J., "IT Outsourcing: British Petroleum's Competitive Approach", *Harvard Business Review*, Vol. 73, No. 3, 1995.

Das T. K., Teng B., "A Resource-based Theory of Strategic Alliances", *Journal of Management Science*, Vol. 26, No. 1, 2000.

Dawid H., Kopel M., Kort P. M., "R&D Competition Versus R&D Cooperation in Oligopolistic Markets with Evolving Structure", *International Journal of Industrial Organization*, Vol. 31, 2013.

Dermot L., Neary J. P., "Absorptive Capacity, R&D Spillovers, and Public Policy", *International Journal of Industrial Organization*, Vol. 25, No. 5, 2007.

Dinneen G. P., "R&D Consortia: Are They Working?", *Research & De-*

velopment, Vol. 30, No. 6, 1998.

Dubois A., Fredriksson P., "Cooperating and Competing in Supply Networks: Making Sense of a Triadic Sourcing Strategy", *Journal of Purchasing & Supply Management*, Vol. 14, 2008.

Dubois A., "To Leap or not to Leap: Triads as Arbitrary Subsets of Networks of Connected Dyads", *Journal of Purchasing & Supply Management*, Vol. 15, 2009.

Dyer J. H., Nobeoka K., "Creating and Managing a High Performance Knowledge-sharing Network: The Toyota Case", *Strategic Management Journal*, Vol. 21, No. 3, 2000.

D'Aspermont C., Jacquemin A., "Cooperative and Noncooperative R&D in Duopoly with Spillovers", *The American Economic Review*, Vol. 78, No. 5, 1988.

Eng T. Y., Ozdemir S., "International R&D Partnerships and Intrafirm R&D-marketing-production Integration of Manufacturing Firms in Emerging Economies", *Industrial Marketing Management*, Vol. 43, 2014.

Erkal N., Piccinin D., "Cooperative R&D under Uncertainty with Free Entry", *International Journal of Industrial Organization*, Vol. 28, 2010.

Fershtman C., Markovich S., "Patents, Imitation and Licensing in an Asymmetric Dynamic R&D Race", *Organization*, Vol. 28, No. 2, 2010.

Ge Z., Hu Q., "Collaboration in R&D Activities: Firm-specific Decisions", *European Journal of Operational Research*, Vol. 185, 2008.

Ge Z., Hu Q., Xia Y., "Firms' R&D Cooperation Behavior in a Supply Chain", *Production and Operations Management*, Vol. 23, No. 4, 2014.

Ghosh S., Ghosh S., "Are Cooperative R&D Agreements Good for the Society?", *Journal of Business & Economics Research*, Vol. 12, No. 4, 2014.

Gnyawali D. R., He J., Madhavan R., "Impact of Co-opetition on Firm Competitive Behavior: An Empirical Examination", *Journal of Management*, Vol. 32, 2002.

Gnyawali D. R., Park B. J., "Co-opetition between Giants: Collaboration with Competitors for Technological Innovation", *Research Policy*, Vol. 40, 2011.

Goyal S., Gonzalez J. L., "R&D Networks", *The RAND Journal of Economics*, Vol. 32, No. 4, 2001.

Goyal S., Joshi S., "Networks of Collaboration in Oligopoly", *Games and Economic Behavior*, Vol. 43, 2003.

Grunfeld L. A., "Meet Me Halfway but don't Rush: Absorptive Capacity and Strategic R&D Investment Revisited", *International Journal of Industrial Organization*, Vol. 21, No. 8, 2003.

Hagedoom J., Narula R., "Choosing Organizational Modes of Strategic Technology Partnering International Sectoral Differences", *Journal of International Business Studies*, Vol. 27, 1996.

Hagedoorn J., Roijakkers N., Kranenburg H. V., "Inter-firm R&D Networks: The Importance of Strategic Network Capabilities for High-tech Partnership Formation", *British Journal of Management*, Vol. 17, 2006.

Hanaki N., Nakajima R., Ogura Y., "The Dynamics of R&D Networks in the IT Industry", *Research Policy*, Vol. 39, 2010.

Ho H., "Knowledge Sharing and Creation in Supplier-supplier Collaboration", *Industrial Marketing Management*, 2013.

Holma A. M., "Interpersonal Interaction in Business Triads-Case Studies in

Corporate Travel Purchasing", *Journal of Purchasing & Supply Management*, Vol. 18, 2012.

Iida T., "Coordination of Cooperative Cost-reduction Efforts in a Supply Chain Partnership", *European Journal of Operational Research*, Vol. 222, 2012.

Ishii A., "Cooperative R&D between Vertically Related Firms with Spillovers", *International Journal of Industrial Organization*, Vol. 22, 2004.

Iturrioz C., Aragon C., Narvaiza L., "How to Foster Shared Innovation Within SMEs' Networks: Social Capital and the Role of Intermediaries", *European Management Journal*, Vol. 33, 2015.

John B., Joanna P., David U., "Organization Design and Information-Sharing in a Research Joint Venture with Spillovers", *Bulletin of Economic Research*, Vol. 50, No. 1, 1998.

Jost P. J., "Joint Ventures in Patent Contests with Spillovers and Role of Strategic Budgeting", *Journal of Economics and Business*, Vol. 63, 2011.

Kabiraj T., "On the Incentives for Cooperative Research", *Research Economics*, Vol. 61, 2007.

Kamath R. R., Liker J. K., "A Second Look at Japanese Product Development", *Harvard Business Review*, Vol. 72, No. 6, 1994.

Kamien M., Muller E., Zang I., "Research Joint Ventures and R&D Cartels", *The American Economic Review*, Vol. 82, No. 5, 1992.

Kamien M. I., Zang I., "Meet Me Halfway: Research Joint Ventures and Absorptive Capacity", *International Journal of Industrial Organization*, Vol. 18, No. 7, 2000.

Katz M. L., "An Analysis of Cooperative Research and Development", *The RAND Journal of Economics*, Vol. 17, No. 4, 1986.

Katz R. , Rebentisch E. S. , Allen T. J. , "A Study of Technology Transfer in Multinational Cooperative Joint Venture", *IEEE Transaction on Engineering Management*, Vol. 43, No. 1, 1996.

Kesavayuth D. , Zikos V. , "Upstream and Downstream Horizontal R&D Networks", *Economic Modelling*, Vol. 29, 2012.

Kim D. Y. , "Understanding Supplier Structural Embeddedness: A Social Network Perspective", *Journal of Operations Management*, Vol. 32, 2014.

Kim Y. , Choi T. Y. , Yan T. , et al. , "Structural Investigation of Supply Networks: A Social Network Analysis Approach", *Journal of Operations Management*, Vol. 29, 2011.

Konig M. D. , Battiston S. , Napoletano M. , et al. , "The Efficiency and Stability of R&D Networks", *Games and Economic Behavior*, Vol. 75, 2012.

Konig M. D. , Battiston S. , Napoletano M. , et al. , "Recobinant Knowledge and the Evolution of Innovation Networks", *Journal of Economic Behavior & Organization*, Vol. 79, 2011.

Kranton R. E. , Minehart D. F. , "A Theory of Buyer-seller Networks", *The American Economic Review*, Vol. 91, No. 3, 2001.

Lars W. , "Absorptive Capacity and Connectedness: Why Competing Firms also Adopt Identical R&D Approaches", *International Journal of Industrial Organization*, Vol. 23, No. 5 - 6, 2005.

Levin R. C. , Reiss P. , "Cost-reducing and Demand-creating R&D with Spillovers", *The RAND Journal of Economics*, Vol. 19, No. 4, 1988.

Lhuillery S. , Pfister E. , "R&D Cooperation and Failures in Innovation Projects: Empirical Evidence from French CIS Data", *Research Policy*,

Vol. 38, 2009.

Luo J., "Absorptive Capacity and R&D Strategy in Mixed Duopoly with Labor-managed and Profit-maximizing Firms", *Economic Modelling*, Vol. 31, 2013.

Luo Y., "A Coopetition Perspective of Global Competition", *Journal of World Business*, Vol. 42, 2007.

Luo Y. D., "Toward Coopetition within a Multinational Enterprise: A Perspective from Foreign Subsidiaries", *Journal of World Business*, Vol. 40, No. 1, 2005.

Madhaven R., Gnyawali D. R., He J., "Two's Company, Three's a Crowd? Triads in Cooperative Competitive Networks", *Academy of Management Journal*, Vol. 6, No. 47, 2004.

Maria L. P., Boleslaw T., "R&D Cooperation or Competition?", *European Economic Review*, Vol. 43, No. 1, 1999.

Marjit S., Mukherjee A., Shi H. L., "Cooperation in R&D: The Case of Patent Infringement Agreements", *Journal of Economics Behavior & Organization*, Vol. 45, 2001.

Martin S., "Spillovers, Appropriability, and R&D", *Journal of Economics*, Vol. 75, No. 1, 2002.

Matsubayashi N., "Price and Quality Competition: The Effect of Differentiation and Vertical Integration", *European Journal of Operational Research*, Vol. 180, 2007.

Miyagiwa K., Ohno Y., "Uncertainty, Spillovers, and Cooperative R&D", *International Journal of Industrial Organization*, Vol. 20, 2002.

Mothe C., Queilin B. V., "Resource Creation and Partnership in R&D Consortia", *Journal of High Technology Management Research*, Vol. 12,

No. 1, 2001.

Mukherjee A. , "Patents and R&D with Imitation and Licensing", *Economics Letters*, Vol. 93, 2006.

Nasr E. S. , Kilgour M. D. , Noori H. , "Strategizing Niceness in Co-opetition: The Case of Knowledge Exchange in Supply Chain Innovation Projects", *European Journal of Operational Research*, Vol. 244, 2015.

Nieto M. J. , Santamaria L. , "The Importance of Diverse Collaborative Networks for the Novelty of Product Innovation", *Technovation*, Vol. 27, No. 6 - 7, 2007.

Okamuro H. , Kato M. , Honjo Y. , "Determinants of R&D Cooperation in Japanese Start-ups", *Research Polich*, Vol. 40, 2011.

Okamuro H. , "Determinants of Successfur R&D Cooperation in Japanese Small Business: The Impact of Organizational and Contractual Characteristics", *Research Policy*, Vol. 36, 2007.

Padula G. , Dagnino G. B. , "Untangling the Rise of Coopetition", *International Studies of Management & Organization*, Vol. 37, No. 2, 2007.

Paier M. , Scherngell T. , "Determinants of Collaboration in European R&D Networks: Empircal Evidence from a Discrete Choice Model", *Industry and Innovation*, Vol. 18, No. 1, 2011.

Pastor M. , Sandonis J. , "Research Joint Ventures vs. Cross Licensing Agreements: An Agency Approach", *International Journal of Industrial Organization*, Vol. 20, 2002.

Pathak S. D. , Wu Z. , Johnston D. , "Toward a Structural View of Co-opetition in Supply Networks", *Journal of Operations Management*, Vol. 32, 2014.

Patrick G. , "Endogenous Formation of Competitive Research Sharing Joint

Venture", *The Journal of Industrial Economics*, Vol. 3, No. 3, 2005.

Peng T. J. A., Bourne M., "The Coexistence of Competition and Cooperation between Networks: Implications from Two Taiwanese Healthcare Networks", *British Journal of Management*, Vol. 20, No. 3, 2009.

Pesamaa O., Pieper T., Silva R. V., et al., "Trust and Reciprocity in Building Inter-personal and Inter-organizational Commitment in Small Business Co-operatives", *Journal of Co-operative Organization and Management*, Vol. 1, 2013.

Quintana-Garcia C., Benavides-Velasco C. A., "Cooperation, Competition, and Innovative Capability: A Panel Data of European Dedicated Biotechnology Firms", *Technovation*, Vol. 24, 2004.

Richardson J., "Parallel Sourcing and Supplier Performance in the Japanese Automobile Industry", *Strategic Management Journal*, Vol. 14, No. 5, 1993.

Ritala P., "Coopetition Strategy-When is it Successfur? Empirical Evidence on Innovation and Market Performance", *British Journal of Management*, Vol. 23, 2012.

Roseira C., Brito C., Ford D., "Network Picture and Supplier Management: An Empirical Study", *Industrial Market Management*, Vol. 42, 2013.

Roseira C., Brito C., Henneberg S. C., "Managing Interdependencies in Supplier Networks", *Industrial Marketing Management*, Vol. 39, 2010.

Saha S., "Firm's Objective Function and Product and Process R&D", *Economic Modelling*, Vol. 36, 2014.

Shibata T., "Market Structure and R&D Investment Spillovers", *Economic Modelling*, Vol. 43, 2014.

Silipo D. B. , "Incentives and Forms of Cooperation in Research and Development", *Research in Economics*, Vol. 62, 2008.

Song D. W. , Lee E. S. , "Coopetitive Networks, Knowledge Acquisition and Maritime Logistics Value", *International Journal of Logistics-Research and Applications*, Vol. 15, No. 1, 2012.

Stepanova A. , Tesoriere A. , "R&D with Spillovers: Monopoly Versus Noncooperative and Cooperative Duopoly", *The Manchester School*, Vol. 79, No. 1, 2011.

Stephen W. S. , Greg S. , "Optimal Asymmetric Strategies in Research Joint Ventures", *International Journal of Industrial Organization*, Vol. 16, No. 2, 1998.

Sun C. H. , "A Duality between Cost-reducing R&D Versus Quality-improving R&D and Welfare Analysis in a Hotelling Model", *Atlatic Economics Journal*, Vol. 41, 2013.

Sun Y. , Cao C. , "Intra- and Inter-regional Research Collaboration Across Organizational Boundaries: Evolving Patterns in China", *Technological Forecasting & Social Change*, Vol. 96, 2015.

Sweet C. M. , Maggio D. S. E. , "Do Stronger Intellectual Property Rights Increase Innovation?", *World Development*, Vol. 66, 2015.

Tao Z. , Wu C. , "On the Organization of Cooperative Research and Development: Theory and Evidence", *International Journal of Industrial Organization*, Vol. 15, 1997.

Tomlinson P. R. , "Co-operative Ties and Innovation: Some New Evidence for UK Manufacturing", *Research Policy*, Vol. 39, 2010.

Tullock G. , *Rent-seeking as a Negative-sum Game*//Buchanan J. M. , Tollison R. D. , Tullock G. , eds. , *Toward a Theory of the Rent-seeking*

Society, Texas A&M Universtiy Press, 1980.

Wilhelm M. M. , "Managing Coopetition Through Horizontal Supply Chain Relation: Linking Dyadic and Network Levels of Analysis", *Journal of Operations Management*, Vol. 29, 2011.

Wu Z. , Choi T. Y. , Rungtusanatham M. J. , "Supplier-supplier Relationships in Buyer-supplier-supplier Triads: Implications for Supplier Performance", *Journal of Operations Management*, Vol. 28, 2010.

Wu Z. , Choi T. Y. , "Supplier-supplier Relationships in the Buyer-supplier Triad: Building Theories from Eight Case Studies", *Journal of Operations Management*, Vol. 24, 2005.

Xia Y. , "Competitive Strategies and Market Segmentation for Suppliers with Substitutable Products", *European Journal of Operational Research*, Vol. 210, 2011.

Yakita A. , Yamauchi H. , "Environmental Awareness and Environmental R&D Spillovers in Differentiated Duopoly", *Research in Economics*, Vol. 65, 2011.

Yami S. , Nemeh A. , "Organizing Coopetition for Innovation: The Case of Wireless Telecommunication Sector in Europe", *Industrial Marketing Management*, Vol. 43, 2014.

Yin X. K. , "Asymmetric Research Joint Ventures and Market Concentration", *The Japanese Economic Review*, Vol. 50, No. 3, 1999.

Zhang J. , Frazier G. V. , "Strategic Alliance via Co-opetition: Supply Chain Partnership with a Competitor", *Decision Support Systems*, Vol. 51, 2011.